CONCEITOS ABSTRATOS
ESCOLHAS INTERPRETATIVAS DE PORTUGUÊS PARA LIBRAS

Editora Appris Ltda.
3.ª Edição - Copyright© 2024 da autora
Direitos de Edição Reservados à Editora Appris Ltda.

Nenhuma parte desta obra poderá ser utilizada indevidamente, sem estar de acordo com a Lei nº 9.610/98. Se incorreções forem encontradas, serão de exclusiva responsabilidade de seus organizadores. Foi realizado o Depósito Legal na Fundação Biblioteca Nacional, de acordo com as Leis nºs 10.994, de 14/12/2004, e 12.192, de 14/01/2010.

Catalogação na Fonte
Elaborado por: Dayanne Leal Souza
Bibliotecária CRB 9/2162

A473c
2024
	Álvaro-Machado, Flávia Medeiros
	    Conceitos abstratos: escolhas interpretativas de português para libras / Flávia Medeiros Álvaro-Machado. – 3. ed. – Curitiba: Appris, 2024.
	    173 p. : il. color. ; 23 cm. – (Coleção Linguagem e Literatura).
	
	    Inclui referências.
	    ISBN 978-65-250-6370-6
	
	    1. Linguagem. 2. Língua brasileira de sinais. 3. Gramática cognitiva. 4. Educação. I. Álvaro-Machado, Flávia Medeiros. II. Título. III. Série.
	
	    CDD – 419

Livro de acordo com a normalização técnica da ABNT

Appris editora

Editora e Livraria Appris Ltda.
Av. Manoel Ribas, 2265 – Mercês
Curitiba/PR – CEP: 80810-002
Tel. (41) 3156 - 4731
www.editoraappris.com.br

Printed in Brazil
Impresso no Brasil

Flávia Medeiros Álvaro-Machado

CONCEITOS ABSTRATOS
ESCOLHAS INTERPRETATIVAS DE PORTUGUÊS PARA LIBRAS

3ª edição

Appris editora

Curitiba, PR
2024

FICHA TÉCNICA

EDITORIAL	Augusto V. de A. Coelho
	Sara C. de Andrade Coelho
COMITÊ EDITORIAL	Marli Caetano
	Andréa Barbosa Gouveia - UFPR
	Edmeire C. Pereira - UFPR
	Iraneide da Silva - UFC
	Jacques de Lima Ferreira - UP
SUPERVISOR DA PRODUÇÃO	Renata Cristina Lopes Miccelli
ASSESSORIA EDITORIAL	Camila Dias Manoel
REVISÃO	Marta Zanatta Lima
	Gislaine Stadler
PRODUÇÃO EDITORIAL	Lucas Andrade
	Thamires Santos
DIAGRAMAÇÃO	Giuliano Ferraz
CAPA	Carolina Cruz
REVISÃO DE PROVA	Sabrina Costa

COMITÊ CIENTÍFICO DA COLEÇÃO LINGUAGEM E LITERATURA

DIREÇÃO CIENTÍFICA Erineu Foerste (UFES)

CONSULTORES
- Alessandra Paola Caramori (UFBA)
- Alice Maria Ferreira de Araújo (UnB)
- Célia Maria Barbosa da Silva (UnP)
- Cleo A. Altenhofen (UFRGS)
- Darcília Marindir Pinto Simões (UERJ)
- Edenize Ponzo Peres (UFES)
- Eliana Meneses de Melo (UBC/UMC)
- Gerda Margit Schütz-Foerste (UFES)
- Guiomar Fanganiello Calçada (USP)
- Ieda Maria Alves (USP)
- Ismael Tressmann (Povo Tradicional Pomerano)
- Joachim Born (Universidade de Giessen/ Alemanha)
- Leda Cecília Szabo (Univ. Metodista)
- Letícia Queiroz de Carvalho (IFES)
- Lidia Almeida Barros (UNESP-Rio Preto)
- Maria Margarida de Andrade (UMACK)
- Maria Luisa Ortiz Alvares (UnB)
- Maria do Socorro Silva de Aragão (UFPB)
- Maria de Fátima Mesquita Batista (UFPB)
- Maurizio Babini (UNESP-Rio Preto)
- Mônica Maria Guimarães Savedra (UFF)
- Nelly Carvalho (UFPE)
- Rainer Enrique Hamel (Universidade do México)

Ao meu Criador.

AGRADECIMENTOS

'Agradecimento[s]'. Que palavra é essa? Que conceito representa cognitivamente esse item lexical? Taylor (2002, p. 471) já acreditava que "[u]ma língua sem polissemia seria útil apenas num mundo sem variação ou inovação, em que os falantes não tivessem de responder as novas experiências nem encontrar símbolos para novas conceptualizações." É nessa linha de pensamento que me debruço a escrever e registrar a minha eterna gratidão por aqueles que acompanharam a minha trajetória é que de forma 'polissêmica' me estenderem o abraço, o ombro amigo e as palavras de apoio.

Primeiramente, gostaria de dar louvores ao Criador. Sem Ele, certamente não teria êxito nos meus projetos, bem como, nem teria condições de respirar, escrever, pensar, sonhar e amar.

Agradecer de forma singular aos meu familiares, que incondicionalmente me propiciaram a todo tempo a companhia e a motivação de que tudo é possível.

A minha 'sempre' orientadora Profª Drª Heloísa Pedroso de Moraes Feltes que se aplicam os sentidos múltiplos de 'agradecimentos'. Simplesmente me fez ver mais longe do que a própria realidade atual nos mostra e não "me deu o peixe, mas me ensinou a pescar".

Agradeço a todos meus mestres e em especial a Profa. Dra. Ronice Müller Quadros, por prestigiar e apoiar essa obra.

Registro um agradecimento especial para a FENEIS, AGILS e a FEBRAPILS e principalmente, aos colegas TILS e os surdos que me apoiaram nesse projeto.

Agradeço aos meus alunos e alunas que me fazem ser a cada aula uma professora que profere o que pesquisa para compartilhar com seus pares.

APRESENTAÇÃO

A prática do tradutor e intérprete de Libras/Português (TILS) envolve várias competências e, entre elas, algumas específicas que podem ser compreendidas e desenvolvidas a partir das contribuições da Linguística Cognitiva e, mais estritamente, da Semântica Cognitiva. Estudos sobre os processos de categorização humana, com base no Realismo Corpóreo, têm elucidado fenômenos relativos à influência de modelos cognitivos e culturais sobre o modo como categorias conceptuais se estruturam e atuam no processo de "fazer sentido" das experiências biossocioculturais em situações variadas de interação comunicacional.

A obra CONCEITOS ABSTRATOS: ESCOLHAS INTERPRETATIVAS DE PORTUGUÊS PARA LIBRAS resulta de um estudo empírico, experimental, em situação controlada, utilizando recursos de filmagem, com transcrições do sistema ELAN. Neste estudo, de natureza experimental, investigam-se os conceitos abstratos nos processos tradutórios de Língua Portuguesa-Libras-Língua Portuguesa na modalidade escrita dos tradutores e intérpretes de Libras/Português (TILS's) e Surdos. A proposta busca identificar, analisar e discutir os processos linguístico-cognitivos nas atividades de tradução e interpretação de Libras/Português.

A investigação busca, primeiramente, compreender algumas das variáveis que intervêm do processo tradutório e, desse modo, contribuir para o aperfeiçoamento da competência e habilidade dos tradutores e intérpretes de Libras/Português, nos processos de compreensão e elaboração das construções que expressam os conceitos abstratos, que possuem correspondentes lexicais/gramaticais na Língua Portuguesa (LP), mas não, necessariamente, em Libras. O mesmo fenômeno pode acontecer entre outras línguas naturais no processo tradutório.

Os resultados revelam que a performance dos tradutores-intérpretes é mais adequada quando estes têm conhecimento prévio do assunto a ser tratado, aí inclusos conceitos problemáticos para as línguas de sinais. Isso demonstra que na interpretação simultânea, o TILS obriga-se a fazer escolhas mais rápidas e imediatas que, nem sempre, expressam o sentido intencionado no discurso fonte. Os resultados reforçam que o TILS necessitam de um contínuo aperfeiçoamento, alertando-o quanto aos problemas da interpretação e tradução dos conceitos abstratos de uma língua para a outra.

Como resultado de uma dissertação de mestrado, no Programa de Pós-Graduação em Letras, Cultura e Regionalidade, da Universidade de Caxias do Sul, a presente obra abre portas e oferece caminhos para estudos similares, seja com relação ao aporte teórico utilizado como com relação à metodologia e técnicas empregadas.

Heloísa Pedroso de Moraes Feltes
Professora Titular e Pesquisadora
Universidade de Caxias do Sul

CONVENÇÕES PARA O SISTEMA DE TRANSCRIÇÃO EM LIBRAS

sf	=	sobrancelhas franzidas
IX	=	dêiticos ou anáforas
(+)	=	repetição de sinais
ef	=	expressão facial
enm	=	expressões não-manuais
ob	=	direção do olhar para baixo
oc	=	direção do olhar para cima
od	=	direção do olhar para direita
dba	=	boca aperta para direita
(....)	=	pausa na interpretação
@	=	gênero não identificado
XXX	=	sinal manual não identificado
<C-R-Í-T-I-C-O>	=	empréstimo linguístico (datilologia)
[ACENAR-COM-A-MÃO]	=	o uso do hífen entre as glosas é um item lexical

SIGLAS

LIBRAS	=	Língua Brasileira de Sinais
ASL	=	Língua de Sinais Americana - *American Sign Language*
LS	=	Língua de Sinais
LP	=	Língua Portuguesa
L1	=	Primeira língua natural
L2	=	Segunda língua

SIGLAS

CM	=	Configurações de mãos
PA/L	=	Ponto de Articulação e/ou Locativo
M	=	Movimentos dos sinais manuais
UFSC	=	Universidade Federal de Santa Catarina
UCS	=	Universidade de Caxias do Sul
TILS	=	Tradutor e Intérprete de Libras/Português
TILS's	=	Tradutores e Intérpretes de Libras/Português
AGILS	=	Associação Gaúcha dos Intérpretes de Língua de Sinais
FEBRAPILS	=	Federação Brasileira das Associações dos profissionais Tradutores e Intérpretes e Guiaintérpretes de Língua de sinais
FENEIS	=	Federação Nacional de Educação e Integração dos Surdos
RS	=	Rio Grande do Sul
SC	=	Santa Catarina
LC	=	Linguística Cognitiva
SC	=	Semântica Cognitiva
TMCI	=	Teoria dos Modelos Cognitivos Idealizados
ELAN	=	EUDICO – *Linguistic Annotator*

PREFÁCIO I[1]

Flávia Machado tem se mostrado incansável nas atividades relativas à tradução e interpretação de língua de sinais. É uma pessoa que tem buscado consolidar espaços de formação nesta área.

Nessa perspectiva, ela compartilha este trabalho "Conceitos Abstratos: Escolhas Interpretativas de Português para Libras", uma contribuição importante para os tradutores e intérpretes de língua de sinais do Brasil.

A autora introduz esse campo de estudos, situando os leitores quanto as línguas de sinais e a libras. A partir dessa contextualização, ela adentra as questões relativas aos estudos da tradução e interpretação de Libras/Português. Flávia Machado apresenta um estudo detalhado sobre a tradução de conceitos abstratos em textos traduzidos simultaneamente por intérpretes de Libras/Português evidenciando o quanto é necessário aprofundar os conceitos nas línguas envolvidas no ato da tradução. Os tradutores e intérpretes produziram conceitos relacionados, mas muitas vezes distorcidos dos conceitos apresentados na língua fonte. A autora apresentou elementos concretos que evidenciam a necessidade de formar os intérpretes para traduzir conceitos na perspectiva pragmática, com análise dos conceitos polissêmicos interpretados em cada contexto específico.

O texto da autora é uma contribuição relevante para a área da tradução e interpretação de língua de sinais, porque apresenta questões relativas a esta área envolvendo conceitos e compartilha resultados de uma pesquisa conduzida pela própria autora, com alto rigor científico.

Conceitos, em especial, conceitos abstratos, são discutidos de forma a contribuir efetivamente para a elaboração das traduções e interpretações destes profissionais que se deparam com línguas díspares e que não compartilham a mesma modalidade, uma língua falada e uma língua de sinais. Os significados tomados pelos conceitos permeando a Pragmática, para além da Semântica, evidenciam a complexidade do ato tradutório, ainda mais quando envolve formas concebidas a partir do olhar e a partir da audição.

---
1   Prefácio realizado pela Profa. Dra. Ronice Müller de Quadros em 2014.

A autora consegue mostrar esta complexidade que parece tornar a tradução impossível, mas ao mesmo tempo, mostra caminhos para a tradução possível. A área ganha com esta publicação e os Estudos da Tradução incorporam este tipo de pesquisa, tornando a área ainda mais consolidada em nosso país.

Ronice Müller de Quadros
Professora Associada da Universidade Federal de Santa Catarina
Pesquisadora do CNPQ

PREFÁCIO II[1]

Em nossa jornada acadêmica, frequentemente nos encontramos em caminhos que se entrelaçam, formando redes de colaboração e aprendizado mútuo. Foi nesse cenário de encontros e trocas de saberes que tive o privilégio de conhecer a autora desta obra. Nosso contato, inicialmente impulsionado por interesses comuns no campo da tradução e interpretação de línguas de sinais, logo se transformou em uma parceria enriquecedora e em uma amizade sólida.

A professora, Flávia Medeiros Álvaro Machado, com seu profundo envolvimento e dedicação ao estudo dos conceitos abstratos e suas traduções, destacou-se não apenas como uma pesquisadora exemplar, mas também como uma educadora e colaboradora incansável. Sua contribuição para o desenvolvimento de uma compreensão mais aprofundada e contextualizada dos processos de tradução e de interpretação — especialmente no que tange à combinação Libras-português — é inestimável e se reflete visivelmente na obra que ora prefacio.

A tradução e interpretação de conceitos abstratos, especialmente entre o português e a Libras, é uma prática repleta de desafios únicos. Este livro, Conceitos Abstratos: escolhas interpretativas do português para Libras, aborda justamente essas complexidades, lançando luz sobre as nuances envolvidas na reformulação interlinguística de significados profundos e contextuais entre duas línguas tão distintas, contribuindo com os avanços dos Estudos da Tradução e Interpretação de Línguas de Sinais.

A obra se destaca por resultar de um estudo empírico meticulosamente conduzido, utilizando filmagens e transcrições com o sistema EUDICO Linguistic Annotator – ELAN para analisar como tradutores e intérpretes de Libras-português lidam com conceitos abstratos em contextos controlados. Ao longo das páginas, a autora explora como os processos cognitivos e culturais influenciam a interpretação do conceito "crítico" em sua manifestação polissêmica. E aqui vale mencionar que os conceitos não apenas carregam uma carga semântica densa, mas também são profundamente conformados pelas instituições sociais, jurídicas e religiosas de cada cultura.

A motivação da Flávia para esta obra surgiu de sua prática diária e dos desafios enfrentados pelos tradutores e intérpretes de línguas de si-

---
1   Prefácio realizado pela Prof. Dr. Carlos Henrique Rodrigues em 2024.

nais. A partir de suas vivências e trajetória acadêmica, ela utiliza os princípios da Linguística Cognitiva e da Semântica Cognitiva para refletir sobre como os modelos cognitivos e culturais impactam os processos de reformulação interlinguística realizados por profissionais da tradução e interpretação de Libras-português. Além disso, estudos de categorização humana, baseados no Realismo Corpóreo, fornecem a base teórica para analisar como as categorias conceituais se estruturam e influenciam a interpretação em situações de comunicação biossociocultural.

Este livro não apenas apresenta uma análise de processos de reformulação interlinguística, mas também traz contribuições para o aprimoramento da competência dos profissionais envolvidos nos serviços de tradução e intepretação de línguas de sinais. Ao utilizar microtextos contextualizados, a obra demonstra que o conhecimento prévio do texto aprimora significativamente a performance dos profissionais, permitindo uma compreensão mais profunda e escolhas mais informadas e conscientes durante a tradução e interpretação.

A obra, agora em sua terceira edição, reflete o contínuo desenvolvimento e importância deste campo de estudo. Desde sua primeira publicação em 2015, tem se consolidado como uma referência fundamental para tradutores, intérpretes, professores e pesquisadores interessados em compreender e aprimorar a prática da tradução e interpretação de conceitos abstratos e assim desenvolver sua competência tradutória e/ou interpretativa.

Além de sua contribuição acadêmica, "Conceitos Abstratos" é um chamado à reflexão para os envolvidos na tradução e interpretação, tanto de línguas de sinais quanto de línguas vocais. A pesquisadora enfatiza a importância de uma abordagem crítica e informada, que reconheça as particularidades lexicais, semânticas e pragmáticas inerentes à compreensão e à reformulação de tais conceitos complexos.

Que este livro siga a inspirar novas pesquisas, fomentar a discussão e contribuir para o desenvolvimento contínuo das competências tradutória e interpretativa, assegurando que a comunicação entre línguas e culturas seja tão promissora e enriquecedora quanto possível.

Carlos Henrique Rodrigues
Professor-pesquisador do Núcleo InterTrads
Bolsista de Produtividade em Pesquisa – CNPq
Programa de Pós-Graduação em Estudos da Tradução
Departamento de Libras – Cursos de Letras Libras
Universidade Federal de Santa Catarina

SUMÁRIO

INTRODUÇÃO 19

CAPÍTULO 1 – LÍNGUAS DE SINAIS, LIBRAS E COMPETÊNCIA TRADUTÓRIA 27

1.1 Língua de Sinais e a Língua Brasileira de Sinais (Libras) 27

1.1.1 Libras e a Legislação Brasileira 41

1.2 Tradutor e Intérprete de LIBRAS/PORTUGUÊS:
Competências e Habilidades 44

1.3 Contexto, Tradução e Compreensão: Conceitos Abstratos em
Língua de Sinais 55

1.4 Linguística Cognitiva: Polissemia e Conceitos Abstratos 65

**CAPÍTULO 2 – ESCOLHAS INTERPRETATIVAS DE PORTUGUÊS
PARA LIBRAS** 79

2.1 Método e Procedimentos 80

2.1.1 Elaboração do microtexto 80

2.1.1.1 Textos pragmaticamente contextualizados 80

2.1.1.2 Conceitos abstratos e os lexemas para CRÍTICO 81

2.2 Participação dos Sujeitos 83

2.2.1 Condução dos Procedimentos para o TILS e a Tradução da Língua
Portuguesa para a Modalidade Escrita 85

2.2.1.1 Primeira versão de interpretação de Libras e tradução
para o português escrito 85

2.2.1.2 Segunda versão de interpretação de Libras e tradução para
o português escrito 85

2.3 Transcrição e os Recursos técnicos 86

2.3.1 Registro do processo descrito 90

2.3.2 Sistema de Transcrições: ELAN 93

CAPÍTULO 3 – CONTRIBUIÇÕES DA LÍNGUÍSTICA COGNITIVA 103

3.1 Análises dos conceitos abstratos de CRÍTICO 103

3.1.1 Microtexto Utilizado no Procedimento Metodológico: Conceitos Abstratos de CRÍTICO 103

3.1.2 Conceitos Abstratos de CRÍTICO: Escolhas Interpretativas 106

3.1.3 Ocorrências de Lexemas Manuais para os Conceitos Abstratos de CRÍTICO 122

3.1.4 Análise comparativa das ocorrências lexemáticas na primeira e segunda versão de interpretação e tradução do TILS/Surdo-LS/ Surdo-LP(escrito) 125

3.2 Síntese das Análises Obtidas dos Conceitos Abstratos 152

CONSIDERAÇÕES FINAIS 157

POSFÁCIO 165

REFERÊNCIAS 167

INTRODUÇÃO

Compreendendo a intenção desta obra, faz-se necessário analisar, através da evolução social, a importância da língua de sinais na educação dos Surdos[2]. Dessa forma, se quer obter um entendimento dos diferentes paradigmas que orientaram e orientam as práticas sociais em relação às necessidades da pessoa com limitação auditiva. É importante salientar que o foco de atenção será em relação à importância da mediação do Tradutor e Intérprete de Libras/Português (TILS) nos mais diversos contextos da atuação profissional. Para entender a evolução do pensamento, das atitudes e das práticas educativas relacionadas aos Surdos em nosso país, recorreu-se ao código linguístico utilizado pela comunidade surda no Brasil: a Língua Brasileira de Sinais (Libras).

Segundo Miranda (2006), a evolução no atendimento educacional nos países europeus e norte-americanos, assim como a Educação Especial no Brasil, ocorreu com características diferentes. Somente nos anos 50 do século XX, que o atendimento educacional às pessoas com deficiência foi assumido explicitamente pelo Governo Federal brasileiro, em âmbito nacional, com a criação de campanhas voltadas para este fim. A primeira campanha, a "Campanha para a Educação do Surdo Brasileiro", foi feita em 1957 e voltou-se apenas para os deficientes auditivos. Essa campanha tinha por objetivo promover medidas necessárias para a educação e assistência aos Surdos em todo o Brasil.

Em 1961, através da Lei de Diretrizes e Bases da Educação Nacional, Lei nº 4.024/61, é regulamentada pela primeira vez a Educação Especial, a qual surge como uma modalidade de educação. De acordo com a lei, "[a] Educação das pessoas com deficiências deve enquadrar-se no sistema geral de educação". Posteriormente, em 1971, uma nova LDB, a Lei nº 5.692/71, introduz alterações do sistema educacional brasileiro, enfatizando o tratamento especial a ser dado a alunos com deficiência física, mental e a superdotados.

Assim, conforme Miranda (2006), as mudanças sociais que se manifestaram em diversos setores e contextos, ainda que mais nas intenções

---

2   Para destacar o sujeito Surdo, faz-se uso do substantivo 'Surdo' com letra maiúscula em toda a obra e quando referir-se ao adjetivo 'surdo', usa-se a letra minúscula.

do que nas ações, e, sem dúvida alguma, o envolvimento legal, foram de fundamental importância para a mudanças que se deram em tal modalidade de ensino. Ainda no âmbito da legislação, a Constituição Federal de 1988, estabelece, em seu artigo 208º, a integração escolar enquanto preceito constitucional, preconizando o atendimento aos indivíduos que apresentam deficiência, preferencialmente, na rede regular de ensino. Em dezembro de 1996, é homologado a LDB nº 9.394/96, atualmente em vigor, a qual estabelece, em seu artigo 58º, que a educação dos portadores de necessidades educativas especiais seja feita, preferencialmente, na rede regular de ensino e, quando necessário, sejam organizados serviços de apoio. Tal fato tem provocado, a partir de então, adequações nas escolas e nas atividades escolares a fim de atenderem a esse dispositivo legal.

Começam, então, ao final do século XX, as discussões em torno do novo modelo de atendimento escolar denominado inclusão escolar. Esse novo paradigma surge, segundo Miranda (2006), como uma reação ao processo de integração, sendo que a efetivação dessa prática tem gerado muitas controvérsias e discussões. Em tais discussões, se enfatizam a respeito aos direitos que um sujeito Surdo tem de usufruir de benefícios que a sociedade lhe oferece. Sabe-se que alguns grupos da sociedade ainda não tiveram a preocupação em se comunicar com os Surdos em seu sistema linguístico, tornando-se esta uma dificuldade que, muitas das vezes, limita a compreensão e a comunicação com os Surdos em diversos contextos sociais. A sociedade necessita procurar oferecer aos seus cidadãos Surdos um tratamento uniforme e justo, de modo que as mesmas oportunidades possam ser acessadas por todos.

Através de suas pesquisas, as quais convenceram a comunidade científica dos Estados Unidos, o linguista norte-americano William Stokoe, em 1960, promoveu uma fundamental contribuição ao afirmar que a língua de sinais é uma língua natural como outras formas de comunicação, construída por diferentes grupos culturais da comunidade surda e sendo reconhecida como língua na modalidade sinalizada. Para essa conclusão, Stokoe considerou, entre outras características, que a língua de sinais continua a evoluir e a crescer, como é comum para qualquer língua natural, acrescentar novos sinais (neologia[3]) nos mais diversos contextos sociolinguísticos.

Atualmente, encontram-se diversas abordagens educacionais que

---

3 Neologismo é um fenômeno linguístico que consiste na criação de uma palavra ou expressão nova a uma sentença (na atribuição de um novo sentido) ou a uma palavra já existente.

comprovam que o processo de aquisição da língua de sinais e da língua portuguesa, tanto por sujeitos Surdos como por ouvintes, endossa a formação de comunidades bilíngues para uma comunicação entre Surdos e ouvintes.

Acredita-se que os contextos escolares e sociais necessitam de um fortalecimento no uso das duas línguas, enfatizando o ensino de Língua de Sinais como a primeira língua natural da comunidade surda.

Os Surdos, por não se orientarem pela audição, necessitam de uma língua de modalidade visual. Como a língua de sinais precisa de outras referências visuais, a riqueza da pragmática do referido sistema linguístico possibilita a construção espontânea da sintaxe na língua natural dos Surdos. Ressalta-se as palavras de Sacks (2002):

> A língua de sinais, nas mãos de seus mestres, é uma língua extraordinariamente bela e expressiva, para a qual, na comunicação uns com os outros e como um modo de atingir com facilidade e rapidez a mente dos Surdos, nem a natureza nem a arte lhe concedeu um substituto à altura. Para aqueles que não a entendem, é impossível perceber suas possibilidades para os Surdos, sua poderosa influência sobre o moral e a felicidade social dos que são privados da audição e seu admirável poder de levar o pensamento a intelectos que de outro modo estariam em perpétua escuridão. Tampouco são capazes de avaliar o poder que ela tem sobre os Surdos. Enquanto houver duas pessoas surdas sobre a face da Terra e elas se encontrarem, serão usados sinais. (Sacks, 2002, p. 12).

Conforme Sacks (2002) observa-se que a sociedade tem carência de conhecimentos acerca da cultura surda e principalmente do fenômeno da língua de sinais. Por isso, analisa-se que, para ocorrer uma mediação eficiente entre o Surdo e o meio social, torna-se necessário a presença de um tradutor/intérprete[4] de Língua de Sinais.

Diante de várias situações do ato tradutório e/ou interpretativo, e após muitas experiências na prática profissional, constata-se que o intérprete de língua de sinais encontra inúmeras dificuldades para a mediação entre Surdos e ouvintes, principalmente, no que se refere aos aspectos linguísticos relativos ao léxico, sintaxe e semântica/pragmática, no plano interlingual.

A presente publicação tem como finalidade de apresentar o pro-

---

4 Usa-se a termologia tradutor e intérprete de Língua de Sinais(TILS), para referir-se ao profissional/sujeito.

cesso da interpretação e tradução de conceitos abstratos da língua portuguesa para Libras, por parte dos TILS's[5], depois de Libras para Libras e de Libras para Língua Portuguesa (LP) escrita, por parte dos Surdos.

O processo dessa produção científica teve como princípio da investigação a caracterização de um estudo empírico de um ambiente controlado. Ao mesmo tempo, serve-se da literatura teórica e aplicada, relativa a aspectos linguísticos, cognitivos da linguagem em uso e do referido sistema de comunicação. Para a transcrição e análise do *corpus* obtido no processo experimental, utilizou-se o ELAN – *Eudico Language Annotator*, um *software* de transcrição de vídeo e áudio de LS – destacando as trilhas e glosas, com ênfase nas particularidades lexicais dos conceitos abstratos da semântica, no ato da tradução e interpretação Libras/português.

Durante a coleta de dados envolveu-se sujeitos oriundos de duas regiões do sul, Rio Grande do Sul e Santa Catarina, com a participação de seis tradutores e intérpretes (graduandos e graduados), que atuam com acadêmicos universitários Surdos do Ensino Superior. O processo implica na identificação das ocorrências dos processos cognitivos na ação mediada pelo tradutor e intérprete da língua fonte – língua portuguesa – para a língua meta – Libras.

Os procedimentos se basearam na transcrição de Libras para a língua portuguesa, utilizando-se do *software* ELAN; na verificação, através da análise linguístico-cognitiva, as competências necessárias para a interpretação bilíngue do tradutor e intérprete de Libras e língua portuguesa; nas análises das disposições da prática regional do ato interpretativo na mediação do intérprete da língua de sinais; na identificação dos aspectos interlinguísticos intervenientes na ação do tradutor e intérprete de Libras/Português e, por fim, na tradução apresentada em Libras pelo sujeito Surdo.

Além disso, observou-se a competência pragmática nos processos de compreensão e interpretação da intenção comunicativa do locutor, que mantém a lógica de seu discurso e a competência semântica, na parte das marcas linguísticas do discurso do locutor e do interlocutor, elaborando construções que expressem os conceitos abstratos que possuem correspondentes lexicais na língua portuguesa, mas não, necessariamente, em Libras.

Adotou-se como literatura as questões relativas a Libras: Brito

---

5   TILS - Tradutor e Intérprete de Libras/Português

(1995) e Quadros e Karnopp (2004), que discorrem sobre a importância e as características da estrutura gramatical da Língua de Sinais no desenvolvimento do pensamento e da aprendizagem do sujeito Surdo.

Utilizou-se o referencial teórico da Linguística Cognitiva de Feltes (2007), Geeraerts e Cuyckense (2007), Lakoff (1987, 1998), Lakoff e Johnson (1999), Gibbs (2008), Delbecque (2008) e Evans (2009), que tratam de conceitos gerais e de modelos teóricos desse paradigma de estudos linguísticos, para o entendimento do funcionamento da linguagem, aplicando-os aos processos de tradução.

Em relação à abordagem teórica dos aspectos dos Estudos da Tradução, fez-se uso de Robinson (2002), Quadros (2002), Bassnett (2005), Batalha e Pontes Jr. (2007), Arrojo (2007), Magalhães Jr. (2007), Taub (2010), Oustinoff (2011), entre outros que contribuíram para a elucidação de aspectos teóricos e práticos da tradução, relacionando a tradução com outras áreas do conhecimento, sobretudo com a Linguística, destacando a função do tradutor e/ou intérprete com a língua de chegada.

A análise do *corpus* obtido seguiu-se ao processo lógico de decomposição de trilhas e glosas, com o uso do *software* ELAN, com ênfase nas particularidades lexicais dos conceitos abstratos da semântica, no ato da tradução e interpretação de Libras/Português. Com essa análise respondem-se os seguintes questionamentos: (1) como se dá a interpretação de conceitos abstratos da língua portuguesa (LP) para Libras?; (2) como as escolhas no ato de interpretar e traduzir conceitos abstratos afetam ou contribuem para a interpretação do sujeito Surdo?; e (3) conforme as respostas dos itens (1) e (2), que competências e habilidades os TILS's devem desenvolver para tornar mais eficaz sua função/atividade?. A partir desses contextos, objetivos e questionamentos, essa obra encontra-se organizada em três capítulos.

O primeiro capítulo aborda características das línguas de sinais e da Libras, especificamente; apresentam-se os aspectos relevantes da legislação que ampara a área de Libras. O capítulo está organizado em quatro seções: na primeira, trata-se de língua de sinais e de língua brasileira de sinais (Libras), focalizando similaridades e diferenças entre línguas gestuais e línguas orais; o processo de aquisição da língua brasileira de sinais como língua materna da comunidade surda, e a língua portuguesa, como sua segunda língua; e por fim, trata da formação, do perfil do TILS e do amparo que a legislação vigente do País prevê para a área de Libras.

Na segunda seção, focalizam-se a atuação dos tradutores e intérpretes de Libras/Português, que têm a aprendizagem de Libras como segunda língua (L2); a trajetória de atuação dos TILS's no Brasil; e as contribuições que a Linguística Cognitiva pode oferecer para as pesquisas no âmbito da tradução e interpretação, auxiliando para o desenvolvimento de competências e habilidades dos profissionais que atuam com Libras.

Na terceira seção, apresenta-se a problemática relativa à expressão de conceitos abstratos em língua de sinais. Na quarta seção, apresenta-se o referencial teórico com as contribuições da Linguística Cognitiva; a problemática da relação entre o sistema linguístico da Língua Portuguesa e Libras; e questão dos processos de compreensão semântico-pragmáticos de conceitos abstratos na tradução e interpretação de Libras para português e de português para Libras.

O segundo capítulo descreve os detalhes da metodologia e desenvolvimento do processo experimental e de análises do *corpus*. Esses aspectos metodológicos visam investigar os processos tradutórios entre LS/LP em que estão implicados os conceitos abstratos. Organizam-se os procedimentos, por meio de compromissos teórico-metodológicos da Linguística Cognitiva (LC), relativos aos processos e estruturas mentais constitutivos dos processos de categorização de um dado domínio da experiência, como os relativos aos conceitos abstratos.

Portanto, esse estudo atende ao objetivo investigativo, na perspectiva da LC, os processos de compreensão e da tradução de ocorrências lexemático-gramaticais relativas aos conceitos abstratos, em que possuem correspondentes lexicais/gramaticais na LP, mas não, necessariamente, equivalentes formais (lexemas ou construções lexemáticas), em Libras.

Este capítulo se estrutura em três seções que tratam da construção de microtextos pragmaticamente contextualizados, destaca o perfil dos participantes selecionados; descreve as etapas de construção do procedimento de interpretação de Libras em duas versões: a primeira, em que o tradutor e intérprete não têm o conhecimento prévio do microtexto, e a segunda, em que se permite que o TILS tenha conhecimento prévio desse microtexto; caracterizando-se os recursos técnicos utilizados nas transcrições e nos registros dos processos descritivos do sistema de transcrições das Línguas de Sinais construídas nas trilhas do ELAN.

No terceiro capítulo, realizam-se as análises a partir do *corpus* construído durante a coleta de dados e apresentam-se os resultados obtidos. Este capítulo está organizado em duas seções: uma dedicada às análises relativas aos conceitos abstratos para CRÍTICO, e a outra seção, está dedicada à discussão e comparação dos resultados obtidos. Para as análises, segue-se um procedimento quantitativo, a fim de identificar a quantidade de ocorrências de itens lexicais para 'crítico', como também para as ocorrências de itens lexicais que foram interpretados pelos TILS. Por fim, apresenta-se as considerações finais, que respondem às questões levantadas em relação à problemática das escolhas interpretativas que propõe essa obra.

Os conceitos abstratos são problemáticos tanto para os TILS's como para os sujeitos Surdos, dada a variedade de escolhas lexemáticas para o item lexical de 'crítico', bem como a polissemia desses lexemas. O TILS procura encontrar sinônimos e/ou construir paráfrases para que o significado de 'crítico' em LP seja passível de entendimento para o Surdo. Da mesma forma o Surdo procura realizar essas mesmas operações. Em ambos os casos, as escolhas se ajustam, em algum grau ao significado contextual, porém, se distanciam em cada versão.

CAPÍTULO 1

LÍNGUAS DE SINAIS, LIBRAS E COMPETÊNCIA TRADUTÓRIA

Este capítulo está organizado em três seções. Na primeira, trata-se de língua de sinais e de Língua brasileira de sinais (Libras), focalizando similaridades e diferenças entre línguas gestuais e línguas orais; do processo de aquisição da língua brasileira de sinais, como sendo a língua materna da comunidade surda, e a língua portuguesa, sendo a sua segunda língua; e por fim, como uma subseção, o amparo que a Legislação estabelece sobre Libras. Na segunda seção, focaliza-se a atuação dos tradutores e intérpretes de Libras/Português tendo como o processo de aprendizagem a Libras, como segunda língua (L2), a trajetória de atuação dos TILS's no Brasil. Na terceira, apresenta-se a problemática relativa à expressão de conceitos abstratos em língua de sinais. E por fim, as contribuições que a linguística pode oferecer para as pesquisas no âmbito da tradução e interpretação, auxiliando para o desenvolvimento de competências e habilidades dos profissionais que atuam com Libras.

1.1 LÍNGUA DE SINAIS E A LÍNGUA BRASILEIRA DE SINAIS (LIBRAS[6])

Há algumas décadas, não se considerava o fato das línguas de sinais serem uma língua natural ou uma língua semelhante a qualquer outro idioma de língua oral. Durante muito tempo, acreditou-se que os sinais seriam apenas mímicas, pantomimas e/ou gestos isolados. Somente após o levantamento de inúmeras pesquisas de linguistas renomados como, por exemplo, Stokoe (1960 *apud* Quadros; Karnopp, 2004), é que se pas-

---

6 Nesta obra, opta-se por referir a Língua Brasileira de Sinais com o uso da sigla 'Libras'. Ao longo das exposições, em citações, legislações e outras referências, a sigla aparece em outros formatos, com isso segue conforme os textos originais.

sou a acreditar que os sinais são o elemento fundamental para o uso da comunicação entre os Surdos, isso sendo enfatizado pelo prisma de que a língua de sinais possui estruturas linguísticas.

Segundo Quadros (1997), as línguas de sinais são utilizadas pelas comunidades surdas no mundo inteiro e apresentam as mesmas características das línguas orais. Todavia, as línguas de sinais são captadas através de experiências visuais das pessoas surdas e, portanto, nesse aspecto, se tornam distintas das línguas orais. Para a autora:

> As línguas de sinais são sistemas linguísticos que passaram de geração em geração de pessoas surdas. São línguas que não se derivaram das línguas orais, mas fluíram de uma necessidade natural de comunicação entre pessoas que não utilizam o canal auditivo-oral, mas o canal espaço-visual como modalidade linguística. (Quadros, 1997, p. 47).

Esses estudos passaram a incluir as línguas de sinais entre as chamadas línguas espaço-visuais, que se diferenciam das línguas orais-auditivas pelos respectivos canais de recepção e emissão. Segundo Fernandes (2003):

> As línguas são denominadas orais-auditivas quando a forma de recepção não grafada é a oralização. De outro lado, são espaço-visuais quando a recepção se dá pelo sentido da visão. Nos dois casos, mesmo diferentes os canais de recepção, cumprem a função de permitir a comunicação e a interação entre membros de um grupo cultural. A língua a ser utilizada – oral-auditiva ou espaço-visual - é adequada para o caso de comunicação entre ouvintes e Surdos, respectivamente, pois atingirá os canais de recepção linguística específicos a cada sujeito, em seu contexto cultural. (Fernandes, 2003, p. 17)

Para o estudo proposto, examinaram os aspectos da LS e sua estrutura. Segundo Quadros (1997, p. 119), "as línguas de sinais [sic] envolve movimentos que podem parecer sem sentido para muitos", mas que, para os Surdos, "significam a possibilidade de organizar idéias, estruturar pensamentos e manifestar o significado da vida [...]". Dessa forma, os sujeitos Surdos podem estabelecer uma forma de comunicação mediante a aquisição da língua de sinais.

Como as línguas orais, as línguas de modalidade gestual (viso-motoras) se constituem distintamente conforme suas culturas nacionais, permitindo a construção natural das identidades que as comunidades surdas estabelecem. Entretanto, percebe-se na literatura, que os pesquisadores diagnosticaram "que uma língua de sinais não é transparentemente inteligível por surdos monolíngues de outra língua de sinais" (Quadros; Karnopp, 2004, p. 32), isto é, cada região tem a sua língua construída culturalmente.

Assim, segundo Quadros e Karnopp (2004, p. 32), no Brasil, "o sinal manual para NÃO, apesar de ser considerado icônico", poderá apresentar um significado completamente diferente para a Língua Brasileira de Sinais – Libras, como também para a Língua de Sinais Americana (ASL).

Com isso, também se esclarece que os sinais NÃO e ONDE serão diferenciados pela marcação das expressões de negação e de interrogação. O sinal manual NÃO tem o significado de negação no Brasil, já para a ASL o sinal manual NÃO representa um significado ONDE, ao invés do que a comunidade surda brasileira compreende. Para ilustrar, as Figuras 1 e 2 representam os sinais de NÃO e ONDE da ASL.

Figura 1 – Sinal manual do léxico NÃO

Fonte: Quadros e Karnopp (2004, p. 32)

Figura 2 – Sinal manual do léxico ONDE (ASL)

Fonte: Quadros e Karnopp (2004, p. 32)

Sabe que a LS exerce forte influência sobre a construção da identidade surda. Entre os membros da comunidade existe a consciência de que o sinal deve evocar a ideia ou representar um significado cultural em sua comunidade. Por isso, defende-se ainda mais que a língua de sinais é uma língua com estruturas linguísticas específicas. Conforme Saussure (1979, p. 22), a língua é

> [...] a parte social da linguagem, exterior ao indivíduo, que por si só, não pode nem criá-la nem modificá-la; ela não existe senão em virtude duma espécie de contrato estabelecido entre os membros da comunidade. (Saussure, 1979, p.22)

Percebe-se que na comunidade dos Surdos esse 'contrato' ocorre de forma natural entre os usuários da língua de sinais. A língua traz a marca da identidade de seus falantes e representa elemento fundamental de coesão na construção intersubjetiva de traços identitários. Esses traços permitem ao ser humano, mesmo diferente dos demais seres, a conviverem com seu grupo, sendo este mediado por uma língua construída entre os membros de uma comunidade cultural. Essa língua possibilitará ao usuário expressar seu pensamento, com o intuito de se fazer entender por pessoas que compartilham com o usuário de uma língua a mesma visão do mundo, sentimentos e emoções.

Entretanto, como foco de estudo, no que tange à questão de a língua de sinais ser uma língua natural, pode-se citar o que Quadros (1997, p. 47) destaca, ou seja, o fato de que as línguas de sinais "[...] não se derivaram das línguas orais, mas fluíram de uma necessidade natural de comunicação entre pessoas que não utilizam o canal auditivo-oral, mas o canal espaço-visual como modalidade linguística". Aqui, compreende-se que a comunidade surda surgiu em virtude da interação entre os usuários do mesmo idioma[7], consolidando uma identidade própria.

Visto que a língua traz marcas culturais, entende-se que a língua é um fenômeno que permite interação, possibilitando aos usuários se constituírem como cidadãos que exercem hábitos e costumes de uma prática de regionalidade[8] culturalmente própria. Pode perceber esse comentário nas palavras de Machado e Prestes (2007):

> A linguagem é fundamental para nossa constituição como seres humanos. Ela está intrinsecamente ligada à dinâmica social. Sem ela, viveríamos isolados uns dos outros e não seríamos capazes de manter nenhuma relação com nossos semelhantes. Ela nos permite a socialização e mediante seu uso nos tornamos capazes de aprender e de ensinar as regras de conduta da vida social. É no interior de seu grupo cultural que cada ser humano aprende a se comunicar. Esta aprendizagem ocorre a partir da interação estabelecida com os demais seres que compartilham o espaço-tempo em se vive. Juntamente com a língua, aprendem-se formas de organizar o pensamento, de ser e de comportar-se, de identificar-se ou de diferenciar-se de outros grupos, de valorizar hábitos, costumes, atitudes e aspectos próprios do grupo cultural. É com a família, com a escola, com o grupo de amigos, parentes e conhecidos que o ser humano constrói, enfim, seu modo de ser, sua identidade, o que o identifica com seu grupo e o diferencia dos demais grupos sociais. (Machado; Prestes, 2007, p. 45-46).

A Libras é uma língua gestual, sendo utilizada no campo visual do usuário, e os sinais são identificados de diversas formas. A língua brasileira de sinais tem um papel fundamental na comunidade surda, como

---

7 A língua de sinais é reconhecida como a língua da comunidade surda (Lei nº 10.436 de 24 de abril de 2002).

8 Segundo Santos (2009, p. 2), as práticas de regionalidade "são formas de prática, apreensão e interpretação do espaço, ao mesmo tempo em que possibilitam apreendê-lo e interpretá-lo em seus sentidos de regionalidade, tal como se configuram na dinâmica cultural contemporânea."

uma comunidade linguística. Em virtude de tal fenômeno, presente em nossa sociedade, se desenvolveram inúmeras pesquisas apresentando os aspectos linguísticos das estruturas gramaticais que se apresenta em Libras. Essas pesquisas são realizadas no âmbito da linguística, no que se refere aos níveis fonético, morfológico, sintáxico e semântico-pragmático.

Enfatiza-se que a língua brasileira de sinais (Libras) é uma língua específica da comunidade Surda brasileira que utilizam um código linguístico visual como sua primeira língua. Nesse sentido, a Libras tem um papel fundamental na comunidade surda, como uma comunidade linguística. Segundo Gumperz (1984),

> [...] comunidade linguística é todo aglomerado humano caracterizado por uma integração regular e frequente por meio de um conjunto de signos verbais compartilhado por todos os indivíduos desse aglomerado, distinto de outros aglomerados semelhantes por causa de diferenças no uso na linguagem. (Gumperz, 1984, p. 269)

Assim, há uma gama de variedades linguísticas na Libras, sendo estas estabelecidas por várias conexões cognitivas. O usuário dessas variedades compreende os significados de cada signo (sinal), de forma a contextualizar o que a comunidade surda manifesta em sua cultura. Já uma língua oficial é uma entre as variedades linguísticas de uma nação. Segundo Heredia (1989, p. 179), numa comunidade linguística:

> [...] seus membros têm em comum ao menos uma variedade de língua e também normas de uso correto, uma comunicação intensiva entre eles, repertórios verbais ligados a papeis e unificados por normas, enfim, uma integração simbólica no interior do grupo ou do subgrupo de referência.

Isso reflete o que a comunidade surda, nesse caso, manifesta em sua cultura. Lembramos que a construção da identidade cultural se dá pelas manifestações variadas que cada comunidade surda constrói. A língua de sinais é de extrema importância para os Surdos, da mesma forma que para os ouvintes que fazem uso das línguas orais, já que a língua de sinais torna-se fundamental para a construção da identidade dos sujeitos Surdos.

Segundo Perlin (2001, p. 52), embora não haja um conceito específico, identidade "é algo em questão, em construção, móvel, que pode frequentemente ser transformada ou estar em movimento, e que empurra o sujeito em diferentes posições". Acrescenta-se que a identidade surda, por sua vez, começa a constituir-se desde que o indivíduo tenha a limitação auditiva, seja esta adquirida ou genética.

No Brasil, a língua de sinais surgiu em 1855, através de um professor Surdo, Eduard Huet[9], que veio da França a convite do imperador Dom Pedro II, com intuito de ofertar uma educação em sinais para as crianças, seguindo a mesma metodologia da Europa para a educação dos Surdos no Brasil. Segundo Veloso e Filho (2009, p. 35), "o alfabeto manual, de origem francesa, foi difundido pelos próprios alunos do INES" e, a partir dessa metodologia, inicia-se uma nova educação para os Surdos e suas famílias. Em 1875, surge o primeiro dicionário[10] de língua de sinais no Brasil, publicado por um ex-aluno do Instituto Nacional de Educação de Surdos (INES).

A história apresenta um avanço e um retrocesso com a língua de sinais no Brasil. Em 1880, surgiu o "império oralista", pelo congresso de Milão, que elimina todo e qualquer uso de comunicação com as mãos. Conforme Veloso e Filho (2009, p. 40):

> Após o congresso de Milão, o oralismo puro invadiu a Europa. Começa o desejo do educador de ter o controle total das salas e não se sujeitar a dividir o seu papel com um professor Surdo. É a não valorização do Surdo enquanto elemento capaz de educar e decidir. [...] transformou a fala de uma comunicação em uma finalidade de educação. A Itália aprovou o oralismo para facilitar o projeto geral de alfabetização do país, eliminando um fator de desvio linguístico. As ciências humanas e pedagógicas aprovaram porque o oralismo respeitava a concepção filosófica Aristotélica [...].

É de fundamental importância compreender a evolução histórica da construção da língua de sinais e as causas das lutas e conquistas da comunidade surda brasileira, quando se destaca o papel que a Libras desempenha, fundamentalmente para os Surdos, no acesso à comunicação, informação e educação.

---

9   Eduard Huet (1822-1882) fundou no Rio de Janeiro, no dia 26 de setembro de 1857, a primeira escola de Surdos do Brasil, atualmente conhecida como Instituto Nacional de Educação de Surdos – INES e desde aquela época se comemora, nesta data, o dia nacional dos Surdos no Brasil. (Veloso; Filho, 2009, p. 35).

10 O dicionário teve sua obra publicada com o seguinte título: "Iconografia dos Sinais dos Surdos' (Veloso; Filho, 2009, p. 35)

As línguas de sinais possuem um sistema de transcrição para o português e vice-versa. Essas normas constituem um sistema de convenções que se representam por "glosas com palavras do português nas transcrições". No sistema de transcrição da língua de sinais, em alguns casos, é utilizada uma notação: quando são "antecedidos de um asterisco, a sentença ou o sinal é agramatical, ou seja, não é possível de ser gerada/o na língua de sinais [...]", sendo representados de uma forma simplificada na Libras (Quadros; Karnopp, 2004, p. 37-38).

As autoras ressaltam que "o movimento, a mudança da expressão facial e a mudança na direção do olhar" dificultam apresentar com precisão a transcrição. Por isso, criaram-se convenções específicas para a Libras, associadas ao uso das expressões, configurações de mãos, movimentos e orientações das mãos na tentativa de identificar a glosa de sinais manuais que possuíam traços semelhantes (Quadros; Karnop, 2004).

A língua de sinais possui regras gramaticais e de uso específico. Além disso, para alguns elementos lexicais, usa-se o empréstimo da língua portuguesa através do alfabeto manual[11], pois ele auxilia a compreensão do ato de comunicar "nomes próprios ou palavras para as quais não se encontram equivalentes prontos em Libras ou para explicar o significado de um sinal [...]" (Brito, 1995, p.22). Com empréstimo da língua portuguesa, o sinal soletrado ou datilologia[12] passou a pertencer a Libras.

A produção linguística do sujeito usuário da língua de sinais tem por base, portanto, uma gramática com estrutura própria, uma gramática que apresenta especificamente os níveis fonético, morfológico, sintático e semântico-pragmático. Para isso, examinam-se de forma simples os aspectos gramaticais que constituem a língua de sinais.

De acordo com Quadros e Karnopp (2004, p. 48), a língua de sinais caracteriza-se por seus aspectos quirológicos, sendo estes conhecidos como "equivalentes à fonética na língua oral". A denominação tem origem grega, pois provém da expressão 'quirema', que significa a palavra MÃO, no sentido de explicar o que dá forma aos sinais. Assim, as autoras endossam as palavras de Stokoe (1960) quando ele apresenta a expressão 'quirema' significando à 'arte de conversar por meio de sinais feitos com

---

11 Lembra-se que o alfabeto manual é a datilologia da Libras, sendo este realizado por gestos manuais e, na escrita, pela letra mais o hífen – separando cada letra, no intuito de esclarecer que está sendo utilizada essa modalidade da língua. Ver seção 1.2.

12 Significa o alfabeto manual da língua de sinais - LS.

os dedos'. A estrutura do aspecto fonético (quirologia) na Libras se organiza a partir de cinco parâmetros visuais. Contudo, apresenta-se a Figura (3) os parâmetros primários da gramática da língua de sinais:

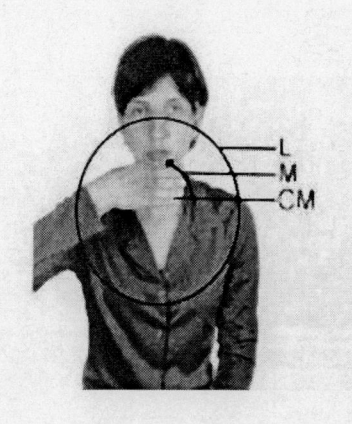

Figura 3 – Parâmetro fonológico da Libras[13]

Fonte: Quadros e Karnopp (2004. p.51)

As configurações de mãos (CM) são o primeiro parâmetro da língua de sinais e, por meio delas, identifica-se a forma que a mão assume durante a realização do sinal. Existem atualmente vários quadros de CM[14], mas se apresentam no quadro abaixo as 46 configurações de mãos que Brito (1995) e Quadros e Karnopp (2004) utilizam para os estudos na área.

---

13 Segundo Quadros e Karnopp (2004. p.51), com base em Brito (1995), o parâmetro fonológico da Libras é conhecido e usado em todas as línguas de sinais como estrutura sublexical.

14 Encontram-se quadros de CMs nas obras de Felipe (2007) e Bernardino (2000).

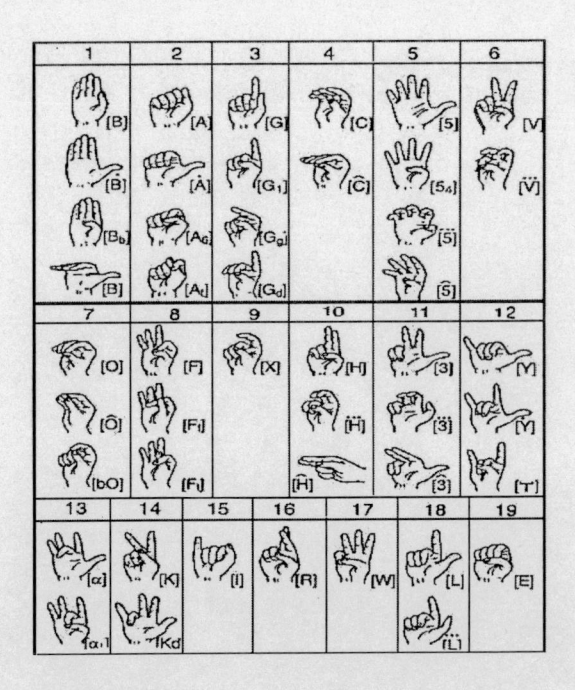

Figura 4 – Quadro das 46 configurações de mãos

Fonte: Brito (1995. p. 220)

O segundo parâmetro da Libras é o do movimento do sinal (M). Ele envolve uma grande quantidade de formas e de direções, desde os movimentos internos da mão, os movimentos do pulso, os movimentos de direção no espaço e até o conjunto de movimentos que os sinais apresentam.

O terceiro parâmetro da língua de sinais são os pontos de articulação (PA) ou locativos[15] (L), como alguns autores apresentam em suas pesquisas. Aqui se utiliza a terminologia de locativo, que significa, conforme Quadros e Karnopp (2004), os espaços usados no movimento que se realiza diante do corpo ou da região do corpo do usuário, em que os sinais são articulados em pontos estratégicos como na cabeça, na mão, no tronco e/ou num espaço neutro. A seguir, apresentam-se dois sinais no parâmetro fonológico da Libras:

---

15 Segundo Quadros e Karnopp (2004. p. 56 e 57), "Stokoe define locação (ou ponto de articulação) como um dos três principais aspectos formacionais da ASL. [...] "é aquela área no corpo, ou no espaço de articulação definido pelo corpo, em que ou perto da qual o sinal é articulado."

Figura 5 – Sinal manual para LARANJA

Fonte: Quadros e Karnopp (2004, p. 52)

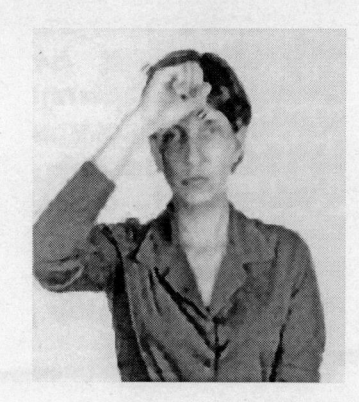

Figura 6 – Sinal manual para APRENDER

Fonte: Quadros e Karnopp (2004, p. 52)

Os sinais 'aprender' e 'laranja' têm a mesma configuração de mãos, o que se modifica é o ponto de articulação, pois o sinal 'aprender' se realiza na testa, fazendo relação com a cabeça; e o sinal 'laranja' se realiza na boca, fazendo relação com o ato de comer. Ambos os sinais são articulados na região da cabeça. Assim, os sinais 'aprender' e laranja' têm o mesmo movimento.

Estes são os parâmetros primários da Libras, que são configuração de mãos, ponto de articulação e movimento. Entretanto, existem os parâmetros secundários, que são a orientação de mãos e expressões manuais e não-manuais.

Nesses parâmetros, as expressões faciais e corporais na língua de sinais são de suma importância, pois através dela o sinal tem significados distintos.

Conforme Brito (1995) e Quadros e Karnopp (2004), as línguas de sinais possuem expressões não-manuais (ENM), e com a Libras não seria diferente. Esse parâmetro é secundário no aspecto fonológico da língua, mas é usado naturalmente pelos usuários da língua. Assinalam, Quadros e Karnopp (2004, p. 60):

> [sic] as expressões não-manuais (movimento da face, dos olhos, da cabeça ou tronco) prestam-se a dois papéis nas línguas de sinais: marcação de construção sintáticas e diferenciação de itens lexicais. As expressões não-manuais que têm função sintática marcam sentenças interrogativas sim-não, interrogativas QU-, orações relativas, topicalizações, concordância e foco [...]. As expressões não--manuais que constituem componentes lexicais marcam referência específica, referência pronominal, particular negativa, advérbio, grau ou aspecto [...]. [i]dentificam as expressões não-manuais da língua de sinais brasileira, as quais são encontrados no rosto, na cabeça e no tronco [...]. Deve-se salientar que duas expressões não-manuais podem ocorrer simultaneamente, por exemplo, as marcas de interrogação e negação.

De acordo com Fernandes (2003) e Brito (1995), os parâmetros linguísticos dos aspectos sintáticos na língua de sinais são combinações que se apresentam através das regras próprias e básicas, seguindo combinações específicas de elementos estruturais que se manifestam nas frases.

Segundo Quadros e Karnopp (2004), há alguns verbos direcionais que se manifestam sem a identificação do sujeito. Observa-se alguns exemplos do verbo 'dizer' (Quadros, 1997, p. 61):

a) DIZER (forma infinitiva)

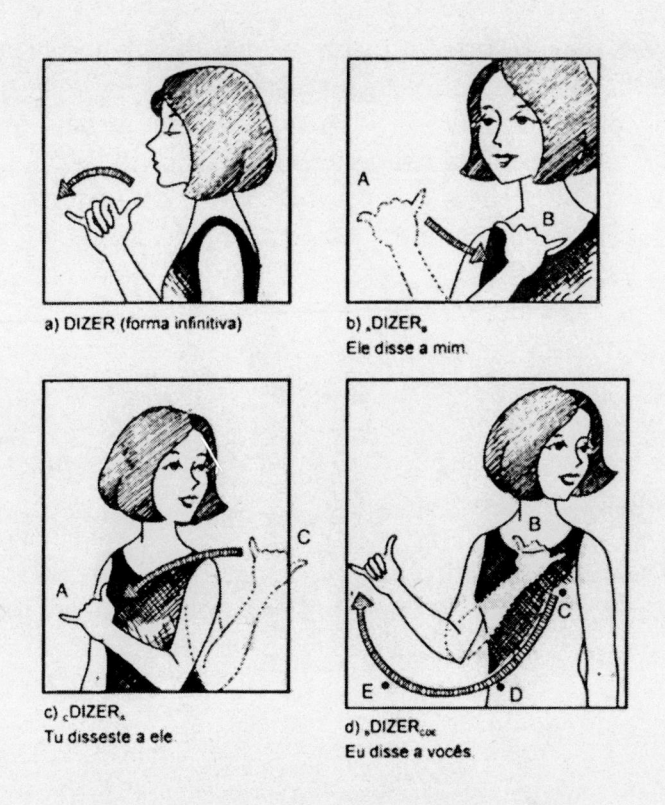

b) ₐDIZER₅
Ele disse a mim

c) ₑDIZERₐ
Tu disseste a ele

d) ₐDIZER_cox
Eu disse a vocês

Figura 7 – Verbo 'dizer' com concordância na Libras

Fonte: Quadros (1997, p. 61)

A construção das sentenças possui regras próprias, seguindo representações mentais das percepções visuais e espaciais, como, por exemplo, a sintaxe em língua portuguesa (LP) e língua brasileira de sinais (Libras):

LP: O menino vai para casa.
Libras: [<MENIN@+CRIANÇA+HOMEM>CASA IR]

A aquisição de um sistema linguístico supõe a organização/reorganização de todos os processos mentais do sujeito. Como afirmam Quadros (1997) e Góes (2002), a linguagem constitui-se em instrumento fundamental para o conhecimento humano e, com isso, o homem pode superar o limite da experiência sensorial, individual, assim como formular generalizações ou categorias. Pode-se dizer que, sem a linguagem, o homem não teria formado o pensamento abstrato.

A linguagem, na sua forma estruturada de língua, apresenta-se, assim, como fator fundamental de formação da consciência, permitindo pelo menos três mudanças essenciais à criatividade consciente do homem: ser capaz de duplicar o mundo perceptível, assegurar o processo de abstração e generalização e ser veículo fundamental de transição e informação (Bernardino, 2000; Brito, 1995).

Segundo Saussure (1979, p. 18), "a língua é uma convenção e a natureza do signo convencional é indiferente. A questão do aparelho vocal se revela, pois, é secundária no problema da linguagem". Entretanto, a língua de sinais é uma língua de caráter natural para a comunidade surda, sendo a primeira língua (L1).

Assim, Quadros e Karnopp (2004, p. 30) definem a língua natural, "como um sistema linguístico legítimo e não como um problema Surdo ou como uma patologia da linguagem". As autoras afirmam com isso que "[...] a língua de sinais atendia a todos os critérios linguísticos de uma língua genuína, no léxico, na sintaxe e na capacidade de gerar uma quantidade infinita de sentenças". Ressalta-se que:

> [a] Libras é adquirida pelos Surdos brasileiros de forma natural mediante contato sinalizadores, sem ser ensinada [...], consequentemente deve ser sua primeira língua. A aquisição dessa língua precisa ser assegurada para realizar um trabalho sistemático com a L2, considerando a realidade do ensino formal. A necessidade formal do ensino da língua portuguesa evidencia que essa língua é, por excelência, uma segunda língua para a pessoa surda. (Quadros, 1997, p. 84).

Porém, a aquisição da segunda língua (L2) para a comunidade surda é gerada através do contato com o usuário ouvinte da língua portuguesa, sendo que para o ouvinte o processo de aquisição da língua de sinais, nesse caso Libras, é considerado uma segunda língua de comunicação.

Afirmava-se, que a língua de sinais não era reconhecida como o uso de uma língua, mas sim como uma linguagem que utilizava gestos isolados, pantomimas e mímicas do usuário dos sinais, no intuito de levar a compreensão numa comunicação. Houve, ao longo de muitas décadas, pesquisas na área da aquisição da linguagem, a partir das quais linguistas passaram a considerar que Libras é um meio de comunicação e expressão[16] como as demais línguas, em função de possuir estruturas gramaticais que lhe são específicas.

1.1.1 Libras e a Legislação Brasileira

Para que a Libras tivesse seu uso e ensino-aprendizagem amparados legalmente na sociedade, ela recebeu o reconhecimento pela Lei nº 10.436, de 24 de abril de 2002, a qual "dispõe sobre a Língua Brasileira de Sinais – Libras e dá outras providências". Nessa lei, torna-se reconhecida a língua de sinais "como meio legal de comunicação e expressão" (Art.1º). Também declara que a Libras é "o sistema linguístico de natureza visual-motora, com estrutura gramatical própria, que constitui um sistema linguístico de transmissão de ideias e fatos, oriundos de comunidades de pessoas surdas do Brasil" (Parágrafo único). Entende-se que a Libras é o meio pragmático pelo qual a comunidade surda se representa na sociedade.

Entretanto, a mesma legislação institui, no artigo 3º, o seguinte direito: "As instituições públicas e empresas concessionárias de serviços públicos de assistência à saúde devem garantir atendimento e tratamento adequado aos portadores de deficiência auditiva", mas endossa que a Libras não é o idioma oficial do país, como a língua portuguesa, mas sim a língua de sinais tem o "reconhecimento" amparado por lei – isso conforme o parágrafo único da lei: "[...] não poderá substituir a modalidade escrita da língua portuguesa"[17].

Após três anos de reconhecimento da língua de sinais, surgiu o Decreto nº 5.626, de 22 de dezembro de 2005, a qual "regulamenta a Lei nº 10.436, de 24 de abril de 2002, que dispõe sobre a Língua Brasileira de Sinais – Libras, e o [sic] art. 18 da Lei nº 10.098, de 19 de dezembro de 2000". O artigo da lei é uma das primeiras manifestações que o Congresso Nacional normatiza como "critérios básicos para a promoção da acessibilidade das pessoas portadoras de deficiência [...]", instituindo normas para todas as "limitações humanas",

---

16 Segue conforme a legislação brasileira que determina o reconhecimento a Libras (Lei de nº 10.436 - 24 de abril de 2002).

17 A modalidade escrita da língua portuguesa para a comunidade surda é essencial para o acesso à educação, à comunicação e à informação, sendo esta respeitada, conforme o processo cognitivo da aquisição da linguagem - LS.

garantindo assim, as adaptações na estrutura física e do direito de ir e vir que a nossa Constituição Federal[18] estabelece.

Nessa legislação, o Capítulo 7, que menciona a área da surdez, mais especificamente o artigo 18º, endossa que o poder público dará subsídio para a formação de tradutores e intérpretes e guiaintérpretes de Libras/Português, para garantir o acesso a qualquer tipo de comunicação. O artigo 19º esclarece que haverá serviços de tradução e interpretação de Libras em todos os meios de comunicação. Contudo, o Decreto nº 5.626/2005 acrescenta novas diretrizes e regulamentam alguns atributos de ambas as leis, cujas novas implicações discorrem-se nos próximos parágrafos.

O Decreto nº 5.626/2005 tem levantado muitos questionamentos desde sua existência até sua aplicabilidade. Neste trabalho não se discute tais questionamentos, somente aborda-se o que os capítulos do decreto têm postulado. No segundo capítulo de tal decreto[19], entende-se que haverá, obrigatoriamente, nos próximos anos, a inclusão da Libras[20] no ensino do curso normal de nível médio (antigo magistério) e no ensino superior, principalmente, nos cursos de Fonologia, Letras e Pedagogia, ofertando também a disciplina de Libras nos demais cursos, como optativa[21].

Entretanto, o terceiro capítulo detalha a forma como deverá ser realizada a formação desses profissionais que atuarão no ensino de Libras – tanto os professores, no ensino superior, quanto os instrutores de Libras, no ensino médio. No último capítulo aborda-se a formação desses profissionais.

Assim, compreende-se que, no capítulo 5 do Decreto, destaca-se a preocupação também da formação dos tradutores e intérpretes de Libras e língua portuguesa. A formação de nível médio se dará por meio dos seguintes cursos: "educação profissional; extensão universitária e formação

---

18 Constituição Federal Brasileira - 1988.

19 Art. 3º: A LIBRAS deve ser inserida como disciplina curricular obrigatória nos cursos de formação de professores para o exercício do magistério, em nível médio e superior, e nos cursos de Fonoaudiologia, de instituições de ensino, públicas e privadas, do sistema federal de ensino e dos sistemas de ensino dos Estados, do Distrito Federal e dos Municípios.

20 §1º: Todos os cursos de licenciatura, nas diferentes áreas do conhecimento, o curso normal de nível médio, o curso normal superior, o curso de Pedagogia e o curso de Educação Especial são considerados cursos de formação de professores e profissionais da educação para o exercício do magistério.

21 §2º: A LIBRAS constituir-se-á em disciplina curricular optativa nos demais cursos de educação superior e na educação profissional, a partir de um ano da publicação deste Decreto.

continuada promovidos por instituições de ensino superior e instituições credenciadas por secretarias de educação" (artigo 18º).

Atualmente, não há tantos profissionais com formação superior de Tradução e Interpretação de Libras/Português. Em 2012, houve a primeira turma formada pela UFSC. Para suprir essa demanda, serão contratados para o mercado de trabalho os seguintes profissionais, de acordo com o perfil que o decreto estabelece:

> [...] profissional ouvinte, de nível superior, com competência e fluência em Libras para realizar a interpretação das duas línguas, de maneira simultânea e consecutiva, e com aprovação em exame de proficiência, promovido pelo Ministério da Educação, para atuação em instituições de ensino médio e de educação superior; [...] profissional ouvinte, de nível médio, com competência e fluência em Libras para realizar a interpretação das duas línguas, de maneira simultânea e consecutiva, e com aprovação em exame de proficiência, promovido pelo Ministério da Educação, para atuação no ensino fundamental; [...] profissional Surdo, com competência para realizar a interpretação de línguas de sinais de outros países para a Libras, para atuação em cursos e eventos. (Artigo 19º, Decreto nº 5.626/2005)

A presença desses profissionais consolida o acesso à comunicação, à informação e, principalmente, à educação dos Surdos. O exame de proficiência em Libras está sendo realizado atualmente pelas universidades federais, sob a responsabilidade da UFSC. Esse exame revela a competência linguística do profissional para exercer a função no ensino médio e no ensino superior. Ressalta-se ainda que esse profissional atue no sistema educacional de acordo com o decreto nas seguintes funções:

> [...] nos processos seletivos para cursos na instituição de ensino; nas salas de aula para viabilizar o acesso dos alunos aos conhecimentos e conteúdos curriculares, em todas as atividades didático-pedagógicas; e no apoio à acessibilidade aos serviços e às atividades-fim da instituição de ensino. (Artigo 21º, Decreto nº 5.626/2005)

Os demais artigos e capítulos do Decreto nº 5.626/2005 contemplam o direito educacional de alunos Surdos, em classes e escolas bilíngues[22], que estudem como primeira língua a Libras e, como segunda lín-

---

22 Art. 22. As instituições federais de ensino responsáveis pela educação básica devem garantir a inclusão de alunos Surdos ou com deficiência auditiva, por meio da organização de: I - escolas e classes de educação bilíngue, abertas a alunos Surdos e ouvintes, com professores bilíngues,

gua, o português, garantindo assim o acesso à comunicação, informação, educação e saúde física.

1.2 TRADUTOR E INTÉRPRETE DE LIBRAS/PORTUGUÊS: COMPETÊNCIAS E HABILIDADES

Nessa seção apresenta-se uma introdução de algumas experiências de autores renomados da tradução de diferentes línguas, porém não inclui detalhes minuciosos das experiências realizadas nas mais diversas práticas do ato de traduzir, seja esta por uma tradução escrita ou uma interpretação oral. Em linhas gerais apresentam-se as diferentes categorias existentes no ato tradutório e interpretativo.

Através de uma síntese, destacam-se alguns autores clássicos dos Estudos da Tradução, tais como Gadmer (1960), que revela em suas obras que "toda tradução é sempre uma interpretação"; Heidegger (1962), que destaca a ideia hermenêutica do processo interpretativo; Steiner (1975) que afirma que "a compreensão [é] como tradução"; Ricoeur (1998) o qual declara que traduzir é como dizer "a mesma coisa de outro modo" e, por fim, Eco (2007) que vem descortinando o processo tradutório, ao afirmar que traduzir é "quase a mesma coisa". São muitos autores e suas pesquisas sobre os Estudos da Tradução para serem mencionados nessa obra. Mas o objetivo dessa seção é de construir uma linha do tempo para demonstrar o que alguns autores clássicos e pesquisadores pensaram e pensam sobre o ato de traduzir e interpretar.

---

na educação infantil e nos anos iniciais do ensino fundamental; II - escolas bilíngues ou escolas comuns da rede regular de ensino, abertas a alunos Surdos e ouvintes, para os anos finais do ensino fundamental, ensino médio ou educação profissional, com docentes das diferentes áreas do conhecimento, cientes da singularidade linguística dos alunos Surdos, bem como com a presença de tradutores e intérpretes de LIBRAS - Língua Portuguesa. §1º São denominadas escolas ou classes de educação bilíngue aquelas em que a LIBRAS e a modalidade escrita da Língua Portuguesa sejam línguas de instrução utilizadas no desenvolvimento de todo o processo educativo. §2º Os alunos têm o direito à escolarização em um turno diferenciado ao do atendimento educacional especializado para o desenvolvimento de complementação curricular, com utilização de equipamentos e tecnologias de informação. §3º As mudanças decorrentes da implementação dos incisos I e II implicam a formalização, pelos pais e pelos próprios alunos, de sua opção ou preferência pela educação sem o uso de LIBRAS. §4º O disposto no § 2º deste artigo deve ser garantido também para os alunos não usuários da LIBRAS.

Dessa forma, não poderia deixar de mencionar os pensamentos de Jakobson (1959), esse autor fascinado pelas obras clássicas das teorias da tradução de Peirce. De fato, Jakobson (1973) passou a construir teorias e nessas discussões teóricas surgiu a proposta da tríplice tipologia de tradução ou os tipos de interpretação. São eles a interpretação interlinguística, a interpretação intersemiótica e a interpretação intralinguística ou reformulação.

O objetivo de Jakobson (1973) para tal tríplice tipologia de tradução foi de revelar os aspectos linguísticos que há na tradução, ou seja, a clássica categorização intralinguística, interlinguística e intersemiótica dos diversos tipos de tradução. Considerando tais conceitos sugeridos por Jakobson (1959 *apud* Eco, 2007, p. 265) segue a seguinte definição:

- **Intralinguística** [reformulação]: é "uma interpretação de signos verbais por meio de outros signos verbais da mesma língua";
- **Interlinguística** [tradução propriamente dita]: é "uma interpretação de signos verbais por meio de signos verbais de alguma outra língua";
- **Intersemiótica** [transmutação]: é "uma interpretação de signos verbais por meio de um sistema de signos não verbais".

Segundo o filósofo americano Peirce (*apud* Eco, 2007), os tipos de tradução tendem a ser limitados, pois o autor nos conduz a pensar que a tradução é uma espécie de interpretação. Porém Eco (2007, p. 268) afirma que para Peirce, o significado "é uma tradução de um signo para um outro sistema de signos". Assim, Eco (2007, p. 269) relembra o entusiasmo de Jakobson pela fascinante ideia (apresentada por Peirce) de definição do significado:

> [...] a noção de interpretação como tradução de signo a signo permite superar a diatribe sobre onde localizar o significado, na mente ou no comportamento, e não diz que interpretar e traduzir sejam sempre e de todo modo a mesma operação, mas que é útil abordar a noção de significado em termos de tradução [...]. (Jakobson *apud* Eco, 2007, p. 269).

A tradução deve ser usada "sistematicamente", conforme as ideias de Peirce, mas, no ponto de vista de Jakobson, é preciso que o aspecto do problema do significado não seja colocado sobre a "equivalência absoluta entre a tradução e interpretação". Entende-se que o ato de traduzir não é uma simples transposição do léxico de uma língua à outra; isto é, não se traduz palavra por palavra, mas se faz necessário uma tradução de significados [semânticos] e das referências que há entre as culturas. Considera-se que a tradução não é uma atividade puramente técnica e objetiva. Com isso, a subjetividade está implicada na interpretação do tradutor, pois passa a ser naturalmente uma consequência dos processos de interpretação e tradução.

Eco (2007, p. 270) afirma que "[a] ideia de que toda atividade de interpretação deve ser considerada tradução tem raízes profundas na tradição hermenêutica". A palavra 'hermenêutica' apresenta três dimensões para o verbo interpretar: (1) asserir (exprimir)[dizer] em voz alta; (2) interpretar (explicar) uma situação, e (3) traduzir (servir de intérprete) de uma língua estrangeira (Jervolino, 2001 apud Eco, 2007, p. 270-271).

Esta última significação, em geral da interpretação como tradução, já está consagrada nos estudos da tradução, mas ainda se considera a questão sob o ponto de vista da hermenêutica e, com isso, o ato de traduzir ganha uma nova dimensão.

Evidenciam-se os tipos de tradução e interpretação que ocorrem nas línguas naturais, conforme os aspectos linguísticos da tradução. Porém, deu-se projeção para a tradução da língua de partida para a língua de chegada e vice-versa, desde que o material a ser traduzido fosse interpretado com o desejo de cumplicidade e com o empenho de identificar o que não está compreensível no sentido profundo das escolhas tradutórias, averiguando, a cada momento, sua prática de traduzir e interpretar para a LM (Eco, 2007; Russo; Pereira, 2008; Oustinoff, 2011).

Nesse contexto, verifica-se que os TILS's fazem escolhas de lexemas manuais que são considerados, naquele momento, os mais apropriados para sua interpretação. De acordo com Quadros (2002, p. 11), todo o tradutor e intérprete de Língua de Sinais é a "pessoa que traduz e interpreta a língua de sinais para a língua falada e vice-versa em quaisquer modalidades que se apresentar (oral ou escrita)." Nesse sentido as interpretações simultâneas são realizadas em momento único de escolhas lexicais. Com isso, a autora define a tradução/interpretação, como:

> [...] processo de tradução-interpretação de uma língua para outra que acontece simultaneamente, ou seja, ao mesmo tempo. Isso significa que o tradutor-intérprete precisa ouvir/ver a enunciação em uma (língua fonte), processá-la e passar para a outra língua (língua alvo) no tempo da enunciação. (Quadros, 2002, p. 11)

Distinguindo esses conceitos, Quadros e Souza (2008, p. 3) esclarecem que "[a] língua fonte (LF), portanto, é a Língua Portuguesa escrita e a língua alvo (LA), é a Língua Brasileira de Sinais na sua versão — "oral"." Compreende-se que "[a] distinção técnica existente entre tradução e interpretação supõe um conhecimento essencial sobre o processo do ato tradutório [...]" (Russo; Pereira, 2008, p. 13). Dessa maneira,

> [a] língua fonte (LF), portanto, é a Língua Portuguesa escrita e a língua alvo (LA), é a Língua Brasileira de Sinais na sua versão "oral". Entende-se "oral" em como a língua na sua forma de expressão oral, no caso específico das Línguas de Sinais, expressão em sinais. Como as modalidades das línguas envolvidas são diferentes, percebem-se efeitos de modalidade. (Quadros; Souza, 2008, p. 175).

De acordo com Pereira (2008), os conceitos de tradução e interpretação diferenciam-se, conforme o esquema apresentado na Figura 8:

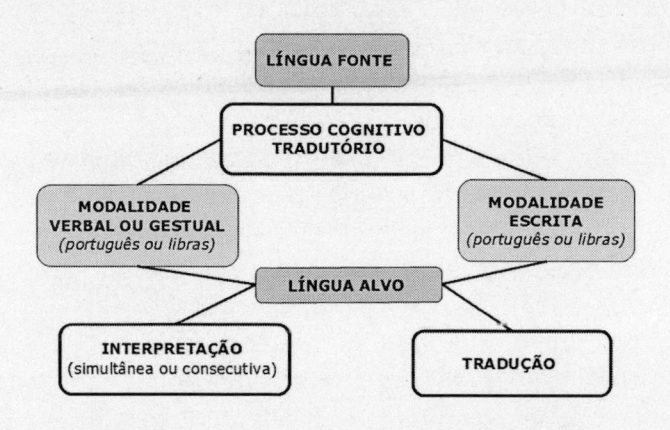

Figura 8 – Processos Cognitivos - Tradução e Interpretação
Fonte: Elaborado pela Autora

Para compreender essa definição técnica que existe para tradução e interpretação, é necessário compreender que todo processo tradutório envolve duas línguas naturais de culturas e comunidades. Nesse contexto preliminar e sumário, Pereira (2008) argumenta da seguinte forma:

> [...] a língua da qual se faz a tradução é chamada de língua fonte (LF), de saída ou de origem; a língua para a qual se traduz é a língua meta (LM), alvo ou de chegada. Porém, o primeiro problema conceitual também é apresentado, pois a tradução é o processo e, ao mesmo tempo, o texto final. Com este conhecimento, permito-me dizer que a tradução é o termo geral que define a ação de transformar um texto a partir de uma língua fonte, por meio de vocalização, escrita ou sinalização, em outra língua meta. A diferenciação da interpretação é feita, em um nível posterior de especialização, quando se considera a modalidade da língua para a qual está sendo transformado o texto. Se a língua meta estiver na modalidade escrita, trata-se de uma tradução; se estiver na modalidade oral ou sinalizada, o termo utilizado é interpretação. A causa maior de controvérsias é derivada do compartilhamento do termo 'tradução', tanto para o processo em geral, como para a operação específica de traduzir para a modalidade escrita. É necessário compreender que a interpretação também é tradução, porém especificamente para uma língua presencial ou de interação imediata [...]. (Pereira, 2008, p. 25).

Em suma, nos Estudos da Tradução esses conceitos são bastante equivalentes. Com isso, em todos os atos tradutórios, o enunciado depende de certos conhecimentos específicos e/ou empíricos, devendo, dessa forma, acessar as informações previamente e o que está sendo traduzido se valerá dos aspectos cognitivos, físicos e emocionais do tradutor e intérprete.

No entanto, o tradutor e intérprete trabalha sob inúmeras condições diferentes. A produção tradutória que é realizada baseia-se na mensagem existente de outra língua e na prática, e isso é visto como algo extremamente necessário para a formação de competências tradutória e linguística (Rónai, 1987).

Dessa maneira, o tradutor e intérprete precisa ter passado por experiências de revisão de traduções, de ter traduzido, de alguém ter traduzido seu trabalho ou ter colaborado com seu próprio tradutor para poder refletir com propriedade sobre o ato de interpretar ou traduzir. Eco (2007, p. 265-298) ressalta que é difícil a função dos tradutores, pois não se trata tão simplesmente de tentar "dizer a mesma coisa em outra língua", mas se trata da tentativa de dizer "quase a mesma coisa". E, nessa vertente, o tradutor e intérprete necessita vivenciar práticas tradutórias, no intuito de aprimorar suas escolhas semântico-pragmáticas, evidenciando suas habilidades e competências linguísticas para o processo de interpretação e tradução. É por meio da participação efetiva com os Surdos e nas mais diversas discussões sociais e significativas que está se avançando a profissão de tradutor-intérprete de Libras e português no Brasil.

À medida que a Libras passou a ser reconhecida como língua natural, ou seja, com propriedades linguísticas de qualquer outra língua natural, os Surdos passaram a ter a garantia de acesso político educacional, por meio da presença desse profissional, o TILS. As instituições de ensino e as empresas do Brasil começaram a garantir o acesso desse profissional intérprete de LS no mercado de trabalho da seguinte forma:

> [e]xistem em diversos países tradutores e intérpretes de língua de sinais. O processo histórico deste profissional se deu a partir de atividades espontâneas que foram sendo valorizadas enquanto atividades de trabalho no decorrer do tempo em que os Surdos foram construindo seu espaço de cidadania. (Quadros, 2002, p. 13).

Entretanto, esse processo também se registrava na década dos anos 80. É em virtude a essa luta, travada, que atualmente existe a lei para a acessibilidade de comunicação da comunidade surda, realizada pela presença do TILS nos mais diversos setores do mercado de trabalho. Quadros (2002) relembra que:

> A [p]resença de intérpretes da Língua de Sinais em trabalhos religiosos iniciados por volta dos anos 80, pelas igrejas protestantes vindas dos Estados Unidos. Em 1988, aconteceu o I Encontro Nacional de Intérpretes de Língua de Sinais organizado pela FENEIS (Federação Nacional de Educação e Integração dos Surdos) que propiciou, pela primeira vez, o intercâmbio entre alguns intérpretes do Brasil e a avaliação sobre a Ética do profissional intérprete. Em 1992, aconteceu o II Encontro Nacional de Intérpretes de Língua de Sinais, também organizado pela FENEIS que promoveu o intercâmbio entre as diferentes experiências dos intérpretes no País; discussão e votação do regimento interno do Departamento Nacional de Intérpretes fundado mediante a aprovação do mesmo. A partir dos anos 90, foram estabelecidas unidades de intérpretes ligadas aos escritórios regionais da FENEIS. Em 2002, a FENEIS sedia escritórios em São Paulo, Porto Alegre, Belo Horizonte, Teófilo Otoni, Brasília

e Recife, além da matriz no Rio de Janeiro. No dia 24 de abril de 2002, foi homologada a lei federal 10.436, que reconhece a Língua Brasileira de Sinais como língua oficial das comunidades surdas brasileiras. Tal lei representa um passo fundamental no processo de reconhecimento e formação do profissional intérprete da língua de sinais no Brasil, bem como, a abertura de várias oportunidades no mercado de trabalho respaldadas pela questão legal. (Quadros, 2002, p. 14-15).

Assim, no Brasil, uma das primeiras atividades do intérprete deu-se em função de atividades religiosas, advindas das Igrejas protestantes dos Estados Unidos. A preocupação, na época, estava mais voltada para os aspectos religiosos. Porém, também se iniciou a viabilidade da educação de Surdos nas redes especiais de ensino. Das necessidades sejam estas religiosas e/ou educacionais, surgem ações inovadoras de inserção dos Surdos nos meios sociais, educacionais e políticos, sempre com a presença de intérpretes de LS. Dessas iniciativas oportunizou-se a criação de organizações específicas, com o propósito de profissionalizar a categoria dos intérpretes da língua de sinais (Quadros, 2002).

Os aspectos que envolvem a tradução, ou seja, as competências e habilidades, bem como a aplicação de modelos teóricos ligados à formação dos tradutores e intérpretes da língua de sinais, pautam a preocupação dos formadores. Albir (2005) esclarece a seguinte questão:

> Embora qualquer falante bilíngue possua competência comunicativa nas línguas que domina, nem todo bilíngue possui competência tradutória. A competência tradutória é um conhecimento especializado, integrado por um conjunto de conhecimentos e habilidades, que singulariza o tradutor e o diferencia de outros falantes bilíngues não tradutores. (Albir, 2005, p. 19).

Assim, é possível dizer que não basta ter competências comunicativa de uma língua fonte para uma língua alvo para realizar uma tradução. É preciso ter as competências e habilidades que envolvem a tradução dos modelos teóricos e aplicados aos tradutores e intérpretes da língua de sinais. Para tanto, há a necessidade de fomentar o processo tradutório da aprendizagem dos acadêmicos, bem como o constante aperfeiçoamento dos que atuam na profissão. Essa argumentação é apresentada por Robinson (2002),

> [p]ara o tradutor profissional, a tradução é um ciclo constante de aprendizado que passa pelos estágios do instinto (disposição indistinta), experiência (trabalho no mundo real) e hábito ("prontidão para a ação") e, dentro da experiência, pelos estágios de abdução (conjecturas), indução (criação de modelos) e dedução (regras, leis teorias); o tradutor é, ao mesmo tempo, um profissional, para quem os processos mentais complexos se tornaram naturais (e, portanto, subliminares), e um aprendiz, que precisa constantemente enfrentar e resolver problemas novos de maneiras analíticas conscientes. (Robinson, 2002, p. 133).

O tradutor e intérprete de Libras/Português é o profissional que possibilita a acessibilidade, a mediação entre ouvintes e Surdos, principalmente em interações de longa duração e/ou com vários interlocutores, tais como consultas médicas, audiências jurídicas, trâmites ou outros eventos que necessitam de uma mediação comunicativa, constantemente enfrentando e resolvendo problemas novos de maneira analítica consciente (Robinson, 2002, p. 133).

Todavia, o profissional tradutor e intérprete de Libras/Português é ainda desconhecido por grande parte das comunidades de ouvintes em suas competências e habilidades, pois para muitos, existe a crença de que a leitura orofacial é uma panaceia que resolve todos os problemas da comunicação entre os Surdos e ouvintes. Muitas pessoas ouvintes acreditam no mito da "leitura labial", portanto os intérpretes de Língua de Sinais seriam dispensáveis.

Existe no imaginário social da cultura ouvinte a falsa ideia de que o Surdo entende "tudo" ou "quase tudo" por meio da "leitura labial", ignorando os muitos depoimentos de Surdos que tiveram de fazer uso desses recursos como meio principal para o acesso às informações, à comunicação e à educação na tentativa de alcançar os detalhes do enunciado.

Portanto, o uso da LS para o Surdo é expressivo em suas dimensões gramaticais, que possibilitam com êxito alcançar a plenitude do processo cognitivo/cultural. Essa afirmação tem fundamento no seguinte depoimento: "[r]epete-se sempre um ano quando se é Surdo. Impossível fazer de outro modo, quando se assimila cinqüenta por cento do conteúdo das aulas, lendo unicamente os lábios." (Laborit, 1994, p. 162).

Nos Estudos da Tradução, a tradução e interpretação das línguas naturais seguem a relevância ao que se refere ao fenômeno do processo de traduzir da língua de partida para a língua de chegada. Dessa maneira,

Quadros (2002) procura diferenciar esse processo tradutório em Libras, ao afirmar que:

> **Modalidades de tradução-interpretação** - língua brasileira de sinais para português oral, sinais para escrita, português para a língua de sinais oral, escrita para sinais - Uma tradução sempre envolve uma língua escrita. Assim, poder-se-á ter uma tradução de uma língua de sinais para a língua escrita de uma língua falada, da língua escrita de sinais para a língua falada, da escrita da língua falada para a língua de sinais, da língua de sinais para a escrita da língua falada, da escrita da língua de sinais para a escrita da língua falada e da escrita da língua falada para a escrita da língua de sinais. A interpretação sempre envolve as línguas faladas/sinalizadas, ou seja, nas modalidades orais-auditivas e visuais-espaciais. Assim, poder-se-á ter a interpretação da língua de sinais para a língua falada e vice-versa, da língua falada para a língua de sinais. Vale destacar que o termo tradutor é usado de forma mais generalizada e inclui o termo interpretação. (Quadros, 2002, p. 9).

Mesmo com o crescente investimento na formação de intérpretes de língua de sinais, persiste na sociedade uma falta de conhecimento a cerca da real função do TILS no mercado de trabalho. Muitas pessoas ainda consideram a interpretação de língua de sinais como um serviço caritativo ou uma habilidade simples, comparável à mímica. Outros tantos se autodenominam (pseudônimos) intérpretes sem nunca terem passado por qualquer formação, que os capacitem e os habilitem para a atividade tradutória que media à comunicação. Acredita-se que é imprescindível para o intérprete ter competências tradutórias bilíngues, mas é notório perceber que nem toda pessoa considerada bilíngue possui competência tradutória.

Portanto, para os leigos, o ato de interpretar é, em poucas palavras, receber uma mensagem em uma língua e convertê-la em outra. Entretanto, interpretar é um processo complexo que exige habilidades linguísticas e cognitivas, conhecimento de ordem cultural, técnico, etc. Além disso, o intérprete precisa ser fluente em um determinado sistema linguístico, já que precisa traduzir/reverter em tempo real (interpretação simultânea) ou com pequeno lapso de tempo (interpretação consecutiva) uma língua sinalizada para língua oral (ou vice-versa), ou então, para outra língua sinalizada (Jakobson, 1973). Assim, o tradutor e intérprete de Libras

> [...] precisa ter seu espaço próprio, que suas funções não sejam mescladas e confundidas com as dos professores, monitores, auxiliares ou qualquer outra função. Nossa tarefa é de sermos mediadores linguísticos e culturais em diversas instâncias, atuando como intérpretes de conferências em palestras, seminários, congressos e congêneres; intérpretes acompanhantes em entrevistas, trâmites burocráticos, consultas médicas e jurídicas, tradutores quando os Surdos sinalizam e temos que colocar na língua escrita e também como intérpretes educacionais nas instituições de ensino. (Russo; Pereira, 2008, p. 12).

Considera-se de extrema responsabilidade a competência tradutória e interpretativa frente à comunidade surda. Com as pesquisas crescendo na área, podemos problematizar o que temos encontrado nos depoimentos publicados em obras de referências na área da surdez, que deixam transparecer uma desconfiança sobre a capacidade dos intérpretes de Libras e Língua de Sinais. Identifica-se que uma das limitações é a falta de avaliação do trabalho dos intérpretes de Língua de Sinais.

Para Sá (1999), persiste a necessidade de mais pesquisas sobre a 'fidedignidade' nas atuações dos intérpretes, pois é fundamental que os intérpretes da língua de sinais sejam 'capacitados' para o uso de habilidades e competências em língua de sinais.

Segundo Albir (2005, p. 22), o termo "competência tradutória" passou a ser estudado na década de 1990. Esses estudos apresentam diversas propostas[23] de modelos, que se consideram fundamentais para o domínio da competência tradutória. Para considerar um profissional competente em tradução, é necessário ter "conhecimentos linguísticos, textuais, temáticos, culturais, de documentação, capacidade de transferência", entre outros elementos fundamentais. Em suma, a competência tradutória[24] abrange um amplo "conhecimento especializado", gerado por

---

23 As diversas propostas também podem ser encontradas por diversos autores, tais como: Lowe (1987), Bell (1991), Hewson e Martin (1991), Nord (1991, 1992), Pym (1992), Kiraly (1995), Presas (1996), Hurtado Albir (1999), Hatim e Mason (1997), Hansen (1997), Risku (1998), Neubert (2000), Kelly (2002).

24 Segundo Rudner, Pereira e Paterno (2010, p. 5), professores proponentes da disciplina de Laboratório de Interpretação argumentam que "[...], o aluno desenvolverá uma séria de habilidades e pode treinar vários gêneros de interpretação (simultânea, consecutiva, diálogos, monólogos, libras/português, português/libras). Como um conjunto, treinam habilidades analíticas, linguísticas (sintaxe, morfologia, fonética, etc.), mas também obrigam o aluno a

uma soma de competências e habilidades, "que identificam o tradutor e o distinguem de outros falantes bilíngues não tradutores." (Albir, 2005. p. 15).

A iniciativa dessa obra busca contribuir com aspectos fundamentais da competência tradutória, especificamente as particularidades da tradução e interpretação de Libras/português de conceitos abstratos, os quais possuem em LP e Libras, uma variedade de itens polissêmicos. Tal investigação foi realizada analisando os dados e percebendo as diferenças linguísticas que ocorrem nos níveis lexicais e sintáticos entre os referidos sistemas linguísticos. Realizou-se preliminarmente um recorte dessas questões semântico--pragmáticas, as quais são problemáticas e altamente polissêmicas.

Neste capítulo, procurou-se destacar algumas obras clássicas e contemporâneas que há na literatura brasileira e internacional com relação à abordagem específica no que tange a abordagens específicas dos aspectos sobre a língua de sinais e Libras – resgatando as particularidades que há entre as línguas gestuais e as línguas orais.

Também se focalizou no processo de aquisição do fenômeno de Libras nos sujeitos Surdos como L1 (língua materna e/ou primeira língua) e L2 (segunda língua). Para a garantia do foco da pesquisa registrou-se a legislação vigente do Brasil, principalmente no que tange às áreas de atuação e de formação dos TILS's. Discorreu-se sobre as hipóteses problemáticas em relação aos conceitos abstratos no processo de interpretação nas línguas de modalidades gestuais e, por fim, destacou-se a atuação dos TILS's no cenário brasileiro.

Tendo como ponto de partida a aquisição da Libras como L2 para os TILS's, se resgataram as principais marcas históricas de atuação dos TILS's pelo Brasil e as contribuições que a linguística em geral e os estudos da tradução têm fornecido para as pesquisas no âmbito da tradução e interpretação, focalizando o desenvolvimento das habilidades e competências primordiais para a atuação de TILS.

A seção a seguir trata-se de uma análise das obras existentes em Linguística Cognitiva, dos processos de categorização e conceptualização dos conceitos abstratos, da interação sociocultural e situacionais nos eventos de fala. Para a construção deste primeiro capítulo, que tem como foco os Estudos da Tradução, segundo aos clássicos teóricos apresentados

---

considerar outros fatores que contribuem à construção de significado como contexto social, questões culturais, relações entre os participantes, conhecimento do assunto em discussões e também a influência/papel/poder de um terceiro (o intérprete) sobre a comunicação".

do de traduzir e/ou interpretar, foi necessário realizar inúmeras pesquisas em fontes que trouxeram informações acerca dos tipos de tradução que há para as línguas naturais. Percebe-se que há um vasto campo de habilidades tradutórias a serem exploradas, porém, essa obra focaliza apenas nos estudos científicos relativos às competências e habilidades das interpretações num escopo mais genérico.

1.3 CONTEXTO, TRADUÇÃO E COMPREENSÃO: CONCEITOS ABSTRATOS EM LÍNGUA DE SINAIS

Nesta seção aborda-se o problema da interpretação, para a língua brasileira de sinais, de conceitos abstratos lexicalizados em língua portuguesa. Entende-se que as línguas orais e auditivas são complexas e abstratas em seus aspectos linguísticos e culturais. Para Dascal (2007), a fala é

> [...] utilizada para transmitir uma interpretação pragmática, e o sucesso na comunicação é medido pela capacidade de o destinatário alcançar essa interpretação. Isso, quando ocorre, é o que o termo 'compreensão' geralmente abrange. Observem que a compreensão é sempre uma compreensão pragmática. Não se trata apenas de compreender as palavras do falante (determinando o significado da sentença), nem de compreender tais palavras em sua específica referência ao contexto da elocução (determinando o significado da elocução), e sim de alcançar a intenção do falante ao proferir tais palavras naquele contexto (determinando o significado do falante). [...] Um significado do falante é transmitido diretamente quando é idêntico ao significado da elocução 'computado' pelas 'regras' semântico-pragmático da linguagem. (Dascal, 2007, p. 106-107).

A interpretação consiste em encontrar 'pistas' de significados implícitos, em atentar para a polissemia dos itens lexicais que expressam conceitos abstratos e em determinar, em cada enunciado, o que se expressa em função do contexto linguístico-situacional. Além disso, há uma capacidade individual de estruturar conhecimentos, uma habilidade própria de organizar as experiências cognitivas. Bernardino (2000, p. 66) ressalta que "a linguística cognitiva tem-se dedicado ultimamente [...] [à] produção linguística com relação aos aspectos processuais ou representações cognitivas da mente".

Com isso, entende-se que, quando o tradutor e intérprete de Libras/Português (TILS) está no ato da interpretação, e este se depara com a tarefa de sinalizar conceitos abstratos, pode surgir uma variedade de escolhas de itens lexicais, tais como: (a) certos conceitos lexicalizados em LP que não há sinais de equivalência em Libras; (b) a dependência estrita a contextos específicos em que o TILS atua como, por exemplo, contextos jurídicos, clínicos, pedagógicos e entre outros. Como se verifica que

> [a]o traduzir *Bon appetit* no cenário já descrito, o tradutor foi capaz de extrair um conjunto de critério do texto, a fim de determinar qual seria uma tradução adequada para o texto em LM [língua meta]. Porém, fica claro que em outro contexto, a expressão na LM seria alterada. A ênfase em tradução sempre está no *leitor* ou no ouvinte, e o tradutor deve traduzir o texto em LF [língua fonte] de modo que a versão em LM corresponda à versão em LF. A natureza dessa correspondência pode variar consideravelmente [...], mas há princípios que permanecem constantes. (Bassnett, 2005, p. 45).

A tarefa do tradutor ou intérprete de línguas naturais pode ser definida como um desafio constante, ou seja, de um lado o tradutor ou intérprete necessita impor suas concepções culturais, ficando no processo de repetição de palavras no sentido literal e, de outro lado, traduzir de modo a incorporar a ação dos discursos, dando ênfase aos estilos de enunciado.

Nesse sentido, "a interpretação pragmática nada mais é que o endosso do significado da elocução pelo ouvinte, isto é, sua identificação como sendo o significante do falante" (Dascal, 2007, p. 107). Em consonância com Bassnett (2005, p. 44-45), os tradutores e intérpretes devem levar em conta que todas as expressões linguísticas são relacionadas ao contexto cultural da língua de partida. Como, por exemplo, na seguinte explicação de Bassnett, que diz que

> [...] a opinião de Hence Albrecht Neubert de que o Soneto de Shakespeare *Shall I compare thee to a summer's day?* (*Devo comparar-te a um dia de verão?*) não pode ser semanticamente traduzido para uma língua onde a divindade é feminina. Tentar impor o sistema de valor da cultura da língua-fonte para a cultura da língua-meta é perigoso, e o tradutor não deve ser tentando pela escola que tem pretensões de determinar as *intenções* originais de um autor com base em um texto autocontido. O tradutor não pode ser

o autor do texto em LF [língua fonte], mas, como autor do texto na LM [língua meta], tem uma clara responsabilidade moral para com os leitores da LM. (Bassnett, 2005, p. 45).

Essa discussão possibilita acreditar que o tradutor e intérprete das línguas de modalidade orais e gestuais deve "ter o máximo de conhecimento das possibilidades expressivas de sua língua, ou seja, conhecer muito mais para além da gramática" (Lacerda, 2010, p. 7).

O tradutor/intérprete é um profissional que deve ser atuante em várias esferas da sociedade, uma vez que o tradutor/intérprete "atua na fronteira entre os sentidos da língua de origem e da língua alvo, com os processos de interpretação relacionando-se com o contexto no qual o signo é formado" (Lacerda, 2010, p. 8).

Portanto, os problemas que ocorrem durante uma tradução e interpretação acontecem pela falta de equivalências culturais, ou seja, tradução não se define em reprodução literal da língua de partida para a língua de chegada. A distinção entre "tradução" e "reprodução" pode ser observada no seguinte exemplo que Dagut (1976) destaca, quando afirma que

> [p]artindo do princípio de que uma metáfora é, por definição, uma nova expressão, uma criação semântica, ela pode, sem dúvida, não possuir em equivalente na LM: o que é único não tem um correspondente. Aqui, a competência do tradutor bilíngue - "le sens", como Mallarmé coloca "de ce qui est dans la langue et de ce qui n'en est pas" - serve apenas no sentido negativo de dizer-lhe, neste caso, que é impossível "encontrar" qualquer "equivalência", sendo que esta terá que ser "criada". O ponto crucial que aparece como consequência disso é se uma metáfora pode, neste sentido, ser traduzida como tal, ou se pode ser apenas "reproduzida" de alguma maneira. (Dagut, 1976, p. 21).

Nessa relação de encontrar pistas de interpretação para a compreensão do texto, é fundamental o conhecimento do contexto e, também, o conhecimento de informações específicas sobre o tema ou assunto (fatores extralinguísticos) por parte do tradutor/intérprete. Dascal (2007) explica que:

> É possível, portanto, interpretar a mesma elocução utilizando, no mínimo, dois procedimentos distintos: em um caso, por meio da in-

terpretação do comparativo *alto*[25] e pela aplicação do conhecimento-padrão que se tem de uma determinada situação e da respectiva cultura; no outro, pela aplicação da posse de uma informação específica. Contudo, nos dois casos, a interpretação final recorre à manipulação de pistas extralinguísticas, isto é, a pistas contextuais que envolvem a familiaridade do destinatário com a situação da elocução. Isso, é claro, se torna ainda mais óbvio quando a elocução contém expressões dêiticas. O que queremos enfatizar aqui é que, embora a necessidade de pistas contextuais na interpretação de expressões não-indexicais não seja indicada nos componentes da sentença, o seu papel não é menos importante. As pistas contextuais, todavia, nem sempre são "puramente" extralinguísticas. (Dascal, 2007, p. 192).

Assim, numa tradução e/ou interpretação, podem-se encontrar conceitos abstratos que recebem diferentes interpretações, como, por exemplo: VIOLÊNCIA, REFLEXÃO, CRÍTICO, AUTONOMIA e RADICALIDADE. Esses conceitos abstratos têm seus significados dependentes dos contextos de uso. Em Libras, por exemplo, para o verbo 'refletir' há um sinal isolado, conforme a Figura 9:

Figura 9 – Sinal manual de REFLETIR[26]

Fonte: Elaborado pela autora

---

25 Para esclarecer a comparação do adjetivo de *alto* no valor semântico e da noção de relatividade das sentenças examinadas. Ver Dascal (2007, p. 191).

26 Ressalta-se que o sinal configurado na Figura 9, pode ser interpretado, dependendo do contexto e/ou região, como esses exemplos: IMAGINAR e/ou SONHAR.

Esse sinal, realizado nesse registro de glosa, faz parte de um léxico específico, pois sofre alterações regionais. Veja o enunciado:

(a-LP) "[...]a crise econômica **refletiu** em alguns nichos do mercado[...]"[27]

Esse enunciado, no ato de tradução e/ou interpretação para Libras, é primeiramente compreendido; depois, interpretado: e só então é realizada a escolha de sinalização, que terá a seguinte sintaxe:

(a-Libras) *"problema sério economia **prejudicar** trabalho dentro pessoas geral"*[28]

A sinalização do verbo 'prejudicar' configurado em Libras conforme ilustrado na Figura 10:

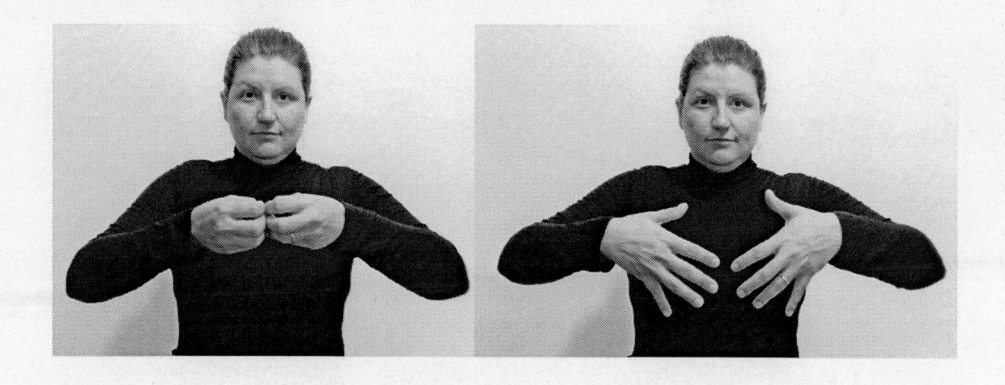

Figura 10 – Sinal manual para PREJUDICAR

Fonte: Elaborado pela autora

---

27 Enunciado extraído de palestra proferida na semana acadêmica de Administração na UCS (2008), a qual foi traduzida e interpretada na oportunidade pela autora.

28 Tradução do português para Libras realizada pela autora.

As particularidades do conceito abstrato de REFLETIR e sua expressão lexical em língua portuguesa evidenciam que (a), provocando uma tradução guiada por uma estratégia semântico-pragmática. Isso se deve ao fato do léxico da LS ter propriedades diferenciadas do léxico das línguas orais e vice-versa. Segundo a hipótese (versão fraca) de Sapir-Whorf, aceita pelos estudiosos de Linguística Cognitiva, a língua influencia a maneira de pensar de uma cultura (Sapir, 1958). Ou seja:

> Os seres humanos não vivem em um mundo completamente objetivo, nem preso a um mundo restrito às atividade sociais, como normalmente entendido, todavia, estão à mercê de uma língua específica que se tornou o meio de expressão para sua sociedade. Chega a ser ilusório imaginar que poderíamos existir socialmente sem o uso da linguagem e pensar a linguagem enquanto um mero instrumento incidental que nos possibilitaria resolver problemas específicos de comunicação ou de reflexão. A importância disso é que o "mundo real" é em grande medida inconscientemente construído sobre os hábitos de linguagem dos grupos. Não há duas línguas suficientemente semelhantes que possam ser consideradas como produtos de uma mesma realidade social. Os mundos em que vivem as diferentes sociedades são mundos distintos, não porque recebem rótulos diferentes, mas porque os são efetivamente [...] Vemos, ouvimos e passamos por experiências bastante diversificadas, todos esses fatos devem-se aos hábitos lingüísticos de nossa comunidade que nos permitem certas escolhas interpretativas[29] (Sapir, 1958 [1929], p. 69).

Portanto, não se pode negar que o modo de pensar do usuário de LP diferencia-se daquele do usuário de Libras, e esses universos cognitivos, permanecem em diálogo constante no ato tradutório e/ou interpretativo.

O uso da datilologia (papel da soletração)[30] ou "[s]oletração manual não é uma representação direta do português, é uma forma de representação manual da ortografia do português, envolvendo uma sequência de configurações de mão que têm correspondência com a sequência de letras escritas do português" (Quadros; Karnopp, 2004, p. 88). Este uso é, na verdade, um recurso de mediação entre tais universos linguístico-cognitivos.

---

29 Tradução Livre do Original.

30 Para uma revisão sobre o papel da soletração na atividade tradutória, ver Quadros e Xavier (2008).

Segundo Quadros e Karnopp (2004, p. 88), "o léxico não-nativo contém palavras em português que são soletrados manualmente, e essas formas podem ser consideradas na periferia do léxico da língua de sinais brasileira". Os TILS's soletram as palavras do português numa variedade de contextos, pois quando surgem termos de ordem técnica e não há um sinal equivalente formal, toma-se emprestado do código linguístico da LP[31].

À luz da teoria, essas escolhas de itens lexicais procedem pelo reservatório de pistas contextuais (Dascal, 2007), ou seja, os TILS's se apropriam de elementos estruturados por *frames* ou modelos cognitivos (Fauconnier; Turner, 2002, p. 102). Nesse sentido, "a interpretação depende da seleção hierarquia paradigmática relevante para um determinado exemplo" (Dascal, 2007, p. 194), ou seja, a seleção de escolhas de lexemas segue as pistas que o enunciado oferece.

Sobre tal questão, Dascal (2007, p. 194-195) afirma que "a interpretação envolve a manipulação de pistas de vários tipos, recorrendo não apenas ao conhecimento de mundo do destinatário, mas também à "ativação" do seu conhecimento de funções e convenções linguísticas". Para elucidar uma situação de contexto de interação, Dascal (2007), apresenta um "esboço" de pistas que se podem empregar no momento da interpretação dos enunciados.

Desta maneira, Dascal (2007, p. 196-198) divide o significado da sentença em duas suposições do "significado do falante", ou seja, em pistas contextuais extralinguísticas e metalinguística. A pista contextual para extralinguística refere-se ao "conhecimento de mundo" e a pista contextual para metalinguística refere-se ao "conhecimento de estruturas e convenções linguísticas" próprias do tradutor e intérprete.

Dascal (2007) exemplifica, as três áreas de abrangência para cada tipo de pista a ser empregada para a interpretação das elocuções. São elas a específica, que surge do "conhecimento 'imediato' das circunstâncias da elocução", a intermediária ou superficial, que revela o "conhecimento acerca de propriedades convencionais de circunstancias" e a geral ou conhecimento de fundo comum (*background*), que resgata informações, princípios, ou seja, resgata o "conhecimento de mundo" e "conhecimento geral sobre o funcionamento da comunicação verbal".

É extremamente relevante o paralelo que Dascal (2007, p. 196) traça entre os dois níveis de pistas contextuais, uma vez que é possível per-

---

31 No capítulo 3, há mais detalhes das particularidades lexicais e semânticas dos conceitos abstratos que surgem na língua portuguesa.

ceber o processo das duas etapas, quando ele identifica esses traços em estruturas de valores atribuídos ao "conhecimento prévio" e, por meio desses valores identificados, busca uma avaliação que consiste em comparar as funções que se emprega no momento da interpretação. Com isso, entende-se que

> [a] tradução envolve muito mais do que a simples troca de itens lexicais e gramaticais entre as línguas e, como pode ser visto na tradução de expressões idiomáticas e metáforas, o processo pode incluir a eliminação de elementos linguísticos essenciais do texto em LF, [...] quando o tradutor se afasta da equivalência linguística próxima, os problemas em determinar a natureza exata de nível de equivalência pretendida vêm à tona. (Bassnett, 2005, p. 47).

Entretanto, Bernardino (2000, p. 66) enfatiza que "o problema está em explicar como esses conhecimentos [conceitos] se integram para formar a cognição como um todo". Por isso, os TILS's necessitam compreender o conceito para que a tradução e interpretação se consolidem. Contudo, em muitos casos de tradução não há recursos diretos. Sobre tal, a autora enfatiza:

> [...] as pessoas não podem entender palavras que ouvem somente selecionando significados a partir de uma lista do léxico [...]. Elas devem criar significados a partir de informações que acreditam serem comuns entre elas e o falante. A compreensão da palavra, então, pode ser vista como uma mistura de seleção e criação de significados. Em um processo centrado no contexto, os ouvintes usam a situação e o contexto da sentença para a compreensão do que o falante quer dizer. Quanto mais informações o contexto provê, maior é a confiança conseguida na construção do significado. (Clark, 1992 *apud* Bernardino, 2000, p. 66-67).

Compreender um conceito abstrato em uma tradução e/ou interpretação é fundamental para que o TILS realize escolhas de itens lexicais contextualmente adequados. Desta forma, evitará traduções e/ou interpretações equivocadas ou problemas de comunicação decorrentes desses equívocos. No entanto, para que isso aconteça, depende-se de um conjunto de competências e habilidades a serem desenvolvidas pelo TILS.

Russo e Pereira (2008) seguem com a proposta da importância de gerar competências linguísticas e tradutórias nos cursos de formação de tradutores e intérpretes de Libras/Português. Nessa vertente, verifica-se a necessidade de que as disciplinas distribuídas na grade curricular dos cursos de formação venham a desenvolver em seus alunos práticas e técnicas que desenvolvam habilidades para os TILS's. A seguir apresentam-se as onze habilidades[32] que os TILS's deveriam desenvolver, conforme destacam Russo e Pereira (2008, p. 19). As habilidades são as seguintes:

- **Posicionamento** – o local, a posição e a postura que o TILS assume no ato interpretativo;

- **Deslocamento – localização espacial** - o TILS topicaliza os sujeitos do discurso em ação no ato interpretativo;

- **Memória de curto prazo** – a capacidade de armazenar informações em curto prazo durante a mensagem do destinatário no ato interpretativo;

- **Expressão facial e corporal** – a capacidade de incorporar a ação do sujeito do discurso no ato interpretativo;

- **Raciocínio rápido e agilidade mental** – a capacidade de resgatar pistas metalinguísticas durante o processo de escolhas lexemáticas durante a interpretação simultânea;

- **Improvisação** – a capacidade de domínio e autocontrole linguístico em situações que o TILS não possui conhecimentos prévios de contexto, discurso e posicionamento (cenário) em uma situação de interpretação simultânea;

- **Trabalho em equipe** – a capacidade de trabalhar em parceria com um ou mais colegas de atuação, ou seja, trabalhar com interpretação de apoio e de revezamento;

- **Atenção e concentração** – a capacidade de manter-se alinhado ao discurso e o contexto de atuação;

- **Percepção visual e auditiva** – a capacidade de transmitir e incorporar 'todas' as informações que se apresenta em um 'ato de fala'[33], sendo estas no sentido positivo ou negativo;

- **Motricidade fina e percepção cinestésica** – a capacidade de

---

32 As nomeações das onze habilidades são de autoria de Russo e Pereira (2008), mas as definições foram adaptadas pela autora.

33 Sobre Atos de Fala ver Austin (1976) e Searle (1969).

competência linguística, no que tange os aspectos da construção do lexema manual e gramatical da LS;

- **Conhecimento linguístico** – a capacidade de tradução e interpretação da língua fonte para a língua alvo e vice-versa.

Tendo em vista essas habilidades discutidas e muito trabalhadas nos cursos de formação de TILS, é certo que muitos dos profissionais TILS ainda se "atormentam" quando se deparam com a dificuldade de alcançar o propósito de uma ou mais habilidades fundamentais para a ação de interpretar.

Todavia, vale destacar que os tradutores e intérpretes de línguas naturais de modalidade auditiva (orais) possuem os mesmos sentimentos, tais como: será que estou interpretando como deveria? Será que estou me fazendo entender? Será que me preparei como deveria? E assim surgem inúmeras inquietações por parte dos intérpretes de línguas orais e que não são diferentes das inquietações dos tradutores e intérpretes de Libras/Português, uma vez que, conforme Magalhães Jr. (2007),

> [t]raduzir é sempre um exercício imperfeito, em que tentamos transpor para o universo semântico idéias e sentimentos que não são os nossos. Num tal processo, o resultado será sempre alvo potencial de censura e dissenso. Na tradução, fazemos mais do que simplesmente buscar sinônimos. Somos forçados a interpretar, a intuir o sentido de passagens por vezes dúbias. Fazemos escolhas a todo o momento. Elegemos. Tomamos decisões. E com isso, naturalmente, nos arriscamos ao erro. (Magalhães Jr., 2007, p. 170).

No caso específico, se enfatiza a oportunidade de elencar ações de formação para o TILS. Além disso, busca-se desenvolver as competências de compreender, interpretar e de traduzir itens lexicais da língua portuguesa, que em geral são altamente polissêmicos e que expressam o conceito abstrato de CRÍTICO. Conceitos que possuem um alto grau de complexidade, mesmo para os que são usuários de língua portuguesa como L1.

Dedica-se o próximo capítulo a uma revisão teórica sobre Linguística Cognitiva, principalmente sobre as questões que envolvem conceitos abstratos, categorização e polissemia, itens estes fundamentais para os objetivos desta publicação.

1.4 LINGUÍSTICA COGNITIVA: POLISSEMIA E OS CONCEITOS ABSTRATOS

Nesta seção, analisa-se pela abordagem da Linguística Cognitiva (LC) a questão dos conceitos abstratos, utilizando autores, como Lakoff (1987), Lakoff e Johnson (1999), Croft e Cruse (2004), Geeraerts (2006), Feltes (2007) e, entre outros que tratam de processos de categorização, categorias conceituais em sua relação com categorias linguísticas. Conforme os princípios da LC, os conceitos projetam a realidade de acordo com nossas experiências. Uma categoria conceptual agrupa um conjunto de entidades e as representa. Segundo Delbecque (2008),

> o mundo não é uma realidade objectiva *em* e *por si* mesma. Ela aparece-nos sempre de uma forma ou de outra por meio de nossa actividade que consiste em categorizar com base em nossa percepção, nos nossos conhecimentos, no nosso estado de espírito; em suma, a partir de nossa condição humana. Isto não quer dizer que a realidade assim criada seja subjectiva, uma vez que conseguimos chegar a acordo sobre as nossas experiências intersubjectivas. Com efeito, viver em sociedade significa partilhar experiências comuns. (Delbecque, 2008, p. 35)

Essa visão é chamada de "experiencialista" (cf. Lakoff, 1987; Feltes, 2007). Conceitos como FRUTA, MESA, LIVRO envolvem processos de categorização que são resultado da interação de nossa percepção, conhecimentos socioculturais e situacionais (de uso). Embora pareçam menos problemáticos, eles implicam, em sua construção e uso, em uma série de operações cognitivas e acordos com a comunidade de fala. Outros conceitos como VIOLÊNCIA, LIBERDADE, AMOR, VIDA, JUSTIÇA (cf. Feltes, 2007) são mais complexos em sua construção e aplicações a contextos de fala, pois são afetados pela natureza de instituições sociais, jurídicas, religiosas, entre outras, as quais variam sobremaneira de cultura para cultura e de subcultura para subcultura em uma mesma comunidade. São considerados conceitos abstratos à medida que implicam mais operações de abstração, em que crenças e valores introduzem não apenas maior variação, mas também mais negociações de sentido em eventos de fala.

Seguindo a proposta da Teoria dos Modelos Cognitivos Idealizados - TMCI (Lakoff, 1987), conceitos e categorias têm sua estrutura motivada por modelos cognitivos e culturais. Estes são construções que organizam o pensamento através das relações humanas e culturais, porque temos o corpo que temos e interagimos no mundo de modo a compartilhar certas experiências. Como construtos, são idealizados porque não "representam" o mundo de forma objetiva, são relativamente estáveis, mas sujeitos à variação em função da dinâmica das relações socioculturais historicamente determinadas. Ou seja, "[o]s modelos, portanto, são o resultado da atividade humana, cognitivo-a experiencialmente determinada, são o resultado da capacidade de categorização humana" (Feltes, 2007, p. 89). A autora, fundamentando sua posição a partir de Lakoff (1987) e Lakoff e Johnson (1999), salienta que:

> [...] cada indivíduo pertence, simultaneamente, a diferentes grupos, em diferentes níveis simultâneos de "localidade"(mais alta ou mais baixa numa hierarquia; mais imediatos ou menos imediatos). Ao mesmo tempo, não existe um repositório separado de conhecimentos linguístico ou cultural fora de qualquer comunidade cultural e linguística. Entretanto, os esquemas individuais, a serem construídos, agregam detalhes individuais relativamente ao que é percebido como normas ou formas culturais relevantes, principalmente porque o indivíduo é, em certo nível, consciente ou "conscientizável" de seus próprios desejos, percepções e sentimentos, existindo à parte de e em contra distinção a essas comunidades que imputam as normas e formas de linguagem e cultura. (Feltes, 2007, p. 90).

As categorias conceptuais, por sua vez, ao se inscreverem na língua, tornam-se categorias linguísticas, de modo que, conforme Delbecque (2008):

> [...] a comunidade "traduzi-las" em signos linguísticos. Uma visão mais abrangente da língua como sistema de signos ultrapassa o tipo de ligação entre a forma e o significado de um signo linguístico. Este é então ligado ao "conceptualizador" humano e ao mundo que é o seu, isto é tal como ele o vive. O conceptualizador, as categorias conceptuais e os signos linguísticos estão ligados entre si. (Delbecque, 2008, p. 35).

Essa interligação é mais complexa quando se examinam conceitos abstratos e, mais ainda, quando se colocam em contato sistemas linguísticos diferentes, por processos tradutórios e/ou interpretativos. Isso porque, se as categorias linguísticas de um sistema e outro estão afetadas pelos processos de conceptualização/categorização cognitiva e socioculturalmente orientados e, ainda, pela hipótese Sapir-Whorf, sistemas linguísticos influenciam a forma como o "mundo" é organizado, há que se colocarem em relevo as negociações que têm lugar quando sujeitos que têm Libras como primeira língua (L1) são introduzidos num universo de significações que parte da LP, reorganizando-as de acordo com as categorias conceptuais e linguísticas dessa L1.

A base cognitiva da linguagem está na língua e no pensamento. Com isso, se exemplificam os três princípios cognitivos estruturados da linguagem. Para Delbecque (2008), a linguagem se dá através de símbolos, relacionando o signo com o significado. Nesse sistema complexo, surgem os três princípios de estruturação da linguagem: (1) indexical; (2) icônico e (3) simbólico. Os signos que se apresentam nos princípios cognitivos "permitem ao homem estruturar o seu universo e as suas experiências e sobreviver enquanto grupo". (Delbecque, 2008, p. 44).

O primeiro princípio, o da indexicalidade (1), nos "remete para o facto de podermos 'apontar' coisas que se encontram no nosso campo da visão" (p. 22); ou seja, indexicalizar os pontos de referência que se oferecem para situar as pessoas, animais e objetos no espaço. Pelo segundo princípio da iconicidade (2), entende-se que "tal como se faz sentir na língua, leva-nos a estabelecer uma certa semelhança entre a forma do enunciado e aquilo que se apresenta" (p. 26). Esse princípio se subdivide em outros três princípios, que são:

- **princípio da ordem linear:** "determina a ordem temporal de dois ou vários acontecimentos", organizando a estrutura sintaxe dos sujeitos, dos verbos e dos objetos em uma ordem de oração (p. 26-29);

- **princípio da distância ou sequencial:** que se aplica tanto em sentido negativo como no sentido positivo; ou seja, a ausência de elo conceptual faz elementos se encontrarem afastados uns dos outros, e a existência de um elo conceptual dá lugar a um agrupamento (p. 29-30);

- **princípio de quantidade:** que se apresenta na "tendência para associar uma grande quantidade de forma a uma grande quantidade de significados e, inversamente, um menor quantidade de forma a um menor quantidade de significado" (p. 31-32).

Esses subprincípios se agrupam para exemplificar o princípio da iconicidade cognitiva na estrutura da linguagem. E o terceiro, o princípio simbólico (3), que destaca "a relação [que há] entre a forma e o significado de inúmeros signos", ou seja, a "associação puramente convencional (caráter arbitrário) entre a forma e o significado" (Delbecque, 2008, p. 26-32).

De acordo com Delbecque (2008), a base cognitiva da linguagem está na língua e no pensamento; portanto, os três princípios cognitivos estruturados da linguagem são estudados pela semiologia e compreendidos não somente para a formação das palavras, mas também no âmbito da sintaxe.

Segundo a semântica experiencialista, que é o fundamento da TMCI: "[o] significado não é uma coisa; ele envolve o que é significativo para nós. Nada é significativo em si mesmo. A significatividade deriva da experiência da atuação como um ser de um certo tipo em um ambiente de um certo tipo."[34] (Lakoff, 1987, p. 126).

Nos estudos sobre a significação, se destaca o fenômeno da polissemia: um item lexical pode ter vários significados. Conforme Feltes (2007)[35]:

> [o]s sentidos se multiplicam porque a mente constrói na experiência, numa experiência com os outros, uma experiência reconstruída pela memória dessas experiências ou pelo sentido das interações que geraram esses sentidos, que os transformaram e que, de um modo ou de outro, em diferentes graus de consistência, orientaram nossa vida interior e nossos modos de convivência. (Feltes, 2007, p. 183).

Esse fenômeno da polissemia é também discutido como evidência para a Semântica Cognitiva, ou seja, Lakoff (1988) trata como polissemia sistemática, ou seja, um dos mais importantes fenômenos semântico: "[...] o fato de que as palavras individuais e morfemas normalmente têm muitos significados que são sistematicamente relacionados entre si"[36] (p. 139-140). Nesse sentido, Silva (2006) esclarece que

> [a] polissemia é o fenômeno típico, a estruturação principal da dimensão *semasiológica* das palavras, isto é, a dimensão que parte

---

34 Tradução Livre do Original.

35 Feltes (2007, p. 183) sintetiza a posição conforme teorias de Lakoff (1988).

36 Tradução Livre do Original.

da componente formal da palavra ou, em termos de Saussure, do *significante* para os sentidos e referentes que podem estar associados a essa forma e, logo, a essa palavra ou item lexical. Aí, ela ocupa o nível intensional da dimensão semasiológica. Na dimensão inversa, a *onomasiológica*, que parte do conceito, *significado* ou referente para as diferentes formas e, logo, diferentes palavras ou itens lexicais que o podem designar ou nomear, funcionam outros tipos de estruturação, como o campo lexical, a hierarquia lexical, relações de sinonímia, antonímia, hiponímia. (SILVA, 2006, p. 13).

De acordo com Silva (2006, p. 59), o significado é flexível. Com isso, evidencia a polissemia "como uma coleção de vários sentidos inter-relacionados estáticos e de não difícil diferenciação". Dessa maneira, o autor argumenta que "a polissemia como uma rede de sentidos flexíveis, adaptáveis ao contexto e abertos à mudança, de impossível diferenciação precisa é ver algo que real e inevitavelmente existe e existe em abundância." Silva (2006) descortina o sentido do significado, como:

> [o] significado não é estático[,] mas dinâmico, não é dado mas construído no conhecimento *enciclopédico* e configurado em feixes de conhecimento ou *domínios*, não é platónico mas corporizado, encarnado nas necessidades, nos interesses e nas experiências dos indivíduos e das culturas. Mas esta flexibilidade inerente do significado não significa caos; tem os seus limites e as suas restrições; não é incompatível, ou melhor, até exige uma certa estabilidade. Flexibilidade e estabilidade são ambas essenciais em qualquer sistema que pretenda ser eficiente: ambas contribuem para a eficiência cognitiva e comunicativa da linguagem. (Silva, 2006, p. 59-60).

Na sequência, Silva (2006) compreende que a polissemia é um fenômeno graduável, ou seja, é um fenômeno "prototípico"[37], em que todas as palavras são altamente polissêmicas, "com sentidos ligados entre si e a um centro prototípico por diferentes mecanismos cognitivos, incorporando sentidos e relações em quantidade maior ou menor de flexibilidade". (p. 64).

Para Taylor (2002, p. 471), "[u]ma língua sem polissemia seria útil apenas num mundo sem variação ou inovação, em que os falantes não tivessem de responder a novas experiências nem encontrar símbolos para novas conceptualizações." Assim, o autor considera a LC como uma das

---
37 Sobre prototipicidade, ver ampla revisão organizada por Feltes (2007).

linhas a se debruçar sobre os estudos da polissemia, com o propósito de encontrar, nos níveis mais gerais ou de abstração, os sentidos de ocorrências polissêmicas que se representam na mente do sujeito, no uso de expressões linguísticas. Conforme Silva (2006):

> [a] polissemia é foco de atenção também nos muitos estudos de semanticistas cognitivistas sobre metáforas e metonímias conceptuais, integração conceptual ("blending"), protótipos, enquadramentos ("frames") semânticos, redes ("networks") semânticas. As razões deste interesse pela polissemia são contrárias às que, [...] levaram estruturalistas e generativistas a menosprezar a polissemia. E, por outro lado, confundem-se com alguns dos próprios princípios fundamentais da Linguística Cognitiva. (Silva, 2006, p. 55)

Silva (2006) destaca que a abordagem da Linguística Cognitiva e Semântica Cognitiva para a polissemia está relacionada à categorização prototípica, estabelecendo diferentes graus de representações mentais entre as conceptualizações intuitiva e analítica, construindo uma rede de sentidos que se interligam por diferentes tipos de relações. Segundo o autor,

> [o] modelo da rede *esquemática* combina esquemas e protótipos, isto é, categorização por esquemas e categorização por protótipos. O esquema abstrai o que há de comum às suas instanciações. E uma instanciação *herda* as especificações do esquema, mas elabora-o com mais detalhes. Diferentes instanciações elaboram o esquema de modos contrastivos. O esquema é *imanente* às suas instanciações: a actividade de processamento que constitui aquele é inerente à actividade de processamento destas. O protótipo é a imagem mental das propriedades mais representativas. As extensões a partir do protótipo fazem-se por relações de similaridade metafórica ou contiguidade metonímica. Os nós são discretos no sentido de que cada um representa uma rotina cognitiva ancorada no léxico mental dos falantes. Embora os vários nós se sobreponham, cada um possui a sua própria identidade e o seu próprio potencial de activação independente. No entanto, há diferenças de saliência entre esses nós, havendo os mais ancorados e os mais periféricos ou os que exigem mais esforço de processamento. Tipicamente, a estrutura de uma categoria e, mais ainda, de uma categoria polissémica é uma rede altamente complexa, com vários níveis de esquematicidade e várias cadeias de extensão. (Silva, 2006. p.85).

Entretanto, ao se pensar que as palavras podem ser traduzidas no sentido literal, corre-se o risco de não se contextualizar a língua de partida para a língua de chegada, nos aspectos culturais e linguísticos. Esse é um problema que muitas das vezes ocorre nas traduções das línguas naturais. Torna-se um problema fundamental de significado, ou seja, separa a natureza do sentido daquela do contexto.

Nessa linha de pensamento, Evans (2009) argumenta sobre a importância de não se separar o "significado do contexto", pois, quando surge a ruptura no ato tradutório do sentido com o contexto, percebe-se que não houve a preocupação de identificar os "ingredientes de uma teoria do significado da palavra e da construção de sentidos[...]" (p. 13)[38]".

Todavia, argumenta que a principal relação que se tem que ter é com a "noção inicial dos diferentes tipos de contextos" (p. 13), pois, dessa maneira, se estreita o significado de uma palavra e, consequentemente, entende a noção de "contexto" como um fenômeno complexo e multifacetado crucial para o uso da língua e sua compreensão (Evans, 2009). Por isso, de acordo com o autor, é importante apropriar-se de uma rede de significados, ou seja, ter um "conhecimento enciclopédico", uma vez que

> [t]enho em mente o conhecimento altamente detalhado, extensivo e estruturado a que nós, como humanos, parecemos ter acesso, a fim de categorizar as situações, os eventos e as entidades que encontramos na nossa vida quotidiana e no mundo; e o conhecimento que construímos para realizar uma série de outras operações cognitivas de nível mais alto, incluindo conceptualização, inferência, raciocínio, escolhas, e o conhecimento sobre o qual a linguagem parece repassar[39]. (Evans, 2009, p. 13-14).

Taub (2010) também defende a importância da LC para o estudo das línguas na modalidade gestual. Direciona suas pesquisas para a Língua de Sinais Americana – ASL. Observa-se que a autora argumenta que a LC é uma teoria da linguagem e, nesse sentido, que a LC, em suas pesquisas atuais, fundamenta os fenômenos linguísticos na mente e no cérebro. Conforme Taub (2010):

---

38 Tradução Livre do Original.

39 Tradução Livre do Original.

> Linguistas cognitivos baseiam-se em resultados da psicologia cognitiva e da neurociência sobre a memória, a atenção, a categorização, a percepção sensorial e as bases neurais do pensamento. Ao invés de inventar um novo tipo da regra do sistema para cada aspecto da linguagem, tentamos construir nossas teorias usando os tipos de processos que são conhecidos por ocorrerem em outras áreas de funcionamento cognitivo. Isso leva a uma série de diferenças entre teorias cognitivistas e teorias formalistas[40]. (Taub, 2010, p. 13).

De acordo com Taub (2010, p. 16), a proposta da LC opõe-se às teorias formalistas da semântica, que buscam verificar as "condições de verdade" para as construções sintáticas. Já a semântica da LC não está concebida no que

> [...] é "verdadeiro" no mundo, em vez disso, concentra-se no sistema conceitual do usuário da língua. Uma palavra ou enunciado escolhe ou *dá o contorno a* um pedaço de estruturas conceptuais. Portanto, em inglês *gato* seleciona o conhecimento que temos sobre felinos domésticos; em particular, chama a atenção para nossa categoria de "gatos" e, especialmente, a um membro prototípico dessa categoria. *O gato está no tapete* oferece as pistas conceptuais que precisamos para construir um modelo mental de uma situação onde um gato e um tapete, já salientes no discurso, existem em um arranjo prototípico.[41] (Taub, 2010, p. 16).

A abordagem dos modelos teóricos encontrados na Semântica Cognitiva para a construção do significado envolve vários aspectos. No entanto, as implicações da compreensão linguística, com relação ao fenômeno da linguagem, são vista na LC pelo processo da categorização mental. O questionamento em relação ao modelo clássico de categorização chama a atenção para os estudos antropológicos (Belin; Kay, 1969) e da psicologia cognitiva (Rosch, 1976)[42].

As teorias revelam que a polissemia é um fenômeno ligado ao significado e a cognição. Nesse sentido, o contexto representa propriedades de categorias mentais, ou seja, relaciona-se com a "hipótese da base corpórea da cognição" (*embodiment hypothesis*), sendo que a principal relação está nas experiências pessoais dos seres humanos, através de seus

---

40 Tradução Livre do Original.

41 Tradução Livre do Original.

42 Para uma revisão sobre tais estudos, ver Feltes (2007).

corpos, numa ação de base fundamental para as atividades cognitivas de percepção, conceptualização, memorização, raciocínio, linguagem, emoções, consciência e entre outras ações que o ser humano estabelece naturalmente (Gibbs, 2008).

Evans (2009) argumenta sobre a importância do "significado da palavra" e dos "papéis das palavras na construção de sentidos", ou seja, como as palavras significam. O papel das palavras na construção de sentido revela uma controversa problemática para a investigação da linguagem, isto é, em linhas gerais, as investigações do que se busca em Ciência Cognitiva. O problema específico que o autor menciona é como podemos explicar a "variação inerente" do significado das palavras no uso da linguagem.

Nessa vertente, os princípios cognitivos não linguísticos dados nas instâncias das palavras atuam na variação do significado da palavra. Em uma espécie diferente da natureza da variação no significado da palavra (p.x), a proposta de Evans (2009), com relação à "variação inerente" ao "significado da palavra", é de que há uma separação inicial entre o conhecimento do sistema linguístico, que codifica as palavras, e o sistema conceitual (o conhecimento não linguístico que facilita o acesso às palavras). Essa distinção é a base da teoria proposta por Evans (2009), a Teoria dos Conceitos Lexicais e dos Modelos Cognitivos - LCCM[43]. Esses dois construtos são centrais nessa teoria. Isso porque, segundo o autor, nem todos os modelos cognitivos são ativados pelo acesso a uma palavra em um dado enunciado. Assim, a variabilidade no significado da palavra surge da ativação parcial do potencial semântico facilitado pelo acesso a uma palavra. (p.xi).

Na perspectiva da literalidade, os significados das palavras envolve o "contexto de significado", ou seja, estão relacionados às regras da gramática e, então, são interpretados pelo "uso da linguagem em contexto". O "significado da palavra" é atribuído pela literalidade, em que as palavras assumem uma série de notações, como as indexicais (como, por exemplo, 'ele' ou 'aqui'), e passam a ter significados vinculados a eles, que são independentes do contexto. Disto segue que o significado da palavra é da alçada da semântica e não da pragmática. No entanto, um grande número de pesquisadores tem argumentado que é, ao mesmo tempo, independente do contexto e, também, dependente do contexto (Evans, 2009, p. 7-8).

---

43 Tradução Livre do Original.

Em suma, a construção polissêmica para o significado da "[..] palavra, é, portanto, emparelhada com apenas um conceito, mas com um categoria radial de conceitos que tem um membro central e extensões, muitas das quais são metafóricas." (Lakoff; Johnson, 1999, p. 499).[44]

O significado de 'abrir' refere-se a tipos distintos de ações, eventos e situações. No entanto, o exemplo de uma "abertura de uma reunião" requer que se evoque num evento, com uma autoridade designada, que declara que a reunião está aberta. Nesse momento, é realizado um ato de fala específico, que facilita o encontro no processo. Já na "abertura de um diálogo", dois (ou mais) interlocutores começam e dão prosseguimento a uma conversa que pode ser face a face, por via eletrônica, e-mail, telefone, ou pela troca de cartas. Agora, "abrir uma conta bancária" envolve o preenchimento de certas formalidades, tais como: uma entrevista com o gerente de um banco, cheque especial e uma série de documentos. Em contraste, o item lexical *'opened'*, como, por exemplo, em *"The Germans opened hostilities against the Allies in 1940"*[45], refere-se a ações iniciais envolvidas em uma operação de guerra.

Assim, cada sentido de 'abrir' (em suas diferentes formas) envolve diferentes tipos de eventos, procedimentos e agentes, dando acesso a um leque impressionante de diversidade baseado em conhecimento enciclopédico. Assim, o significado do item lexical 'abrir', é, em parte, uma função do uso de conhecimento enciclopédico, a fim de determinar especificamente o significado de 'abrir' em cada contexto.

No início desta seção, fala-se de significados de palavras no sentido literal, que são considerados unidades de conhecimento estável e relativamente circunscrito de uma língua e independentes do contexto. Assim, os significados das palavras, quando suscetíveis à interpretação contextual (pelo menos se o significado é de entendimento referencial), são realizados para constituir unidades circunscritas de conhecimento, que são armazenadas e podem ser implementadas independentemente de outros tipos de conhecimento (Evans, 2009, p. 11).

De acordo com Evans (2009, p. 12), o significado de uma palavra surge de um grande potencial semântico, que é reduzido pela sentença em contexto, em que a palavra está inserida. Como tal, o significado das palavras parece ser guiado por uma função do contexto: as palavras, ao final, não significam de forma independente do contexto.

---

44 Tradução Livre do Original.

45 Tradução Livre do Original.

Assim, a noção de contexto é fundamental para o desenvolvimento da teoria da LCCM. Evans (2009) não utiliza o termo 'enunciado', mas a expressão 'sentido da palavra'. Ao incorporar a noção de contexto na teoria, a abordagem que o autor apresenta é fundamentalmente a da linguagem em uso. Para o autor, as palavras codificam um conteúdo nuclear, o "conceito nuclear", que é altamente "esquemático": o conteúdo linguístico. São as palavras que acessam o "conteúdo conceptual". Ou seja, a proposta do autor não separa a semântica da pragmática. Ela dá destaque ao contexto extralinguístico no processo de enunciação. O tempo, a modalidade (fala ou escrita), o gênero (por exemplo: Reportagem de jornal, leitura falada, etc.) podem contribuir para o significado das palavras e fornecer seu contexto (Evans, 2009, p. 14-15).

Nessa perspectiva, na LC, sintaxe, semântica e pragmática são fenômenos em *continuum*. Para Silva (2006):

> O significado linguístico não pode pois ser dissociado do conhecimento do mundo, da experiência humana, donde a sua natureza inevitavelmente *enciclopédica*. Não se pode postular a existência de um nível estrutural ou sistémico de significação linguística distinto do nível em que o conhecimento do mundo está associado às formas linguísticas. O mesmo é dizer: perde sentido a famosa dicotomia entre conhecimento *linguístico* e conhecimento *enciclopédico* e, num plano mais geral, caiem [sic] por terra as teses maiores da linguística estruturalista e generativista, designadamente a autonomia do significado e da linguagem e a modularidade da mente. Efectivamente, o significado que construímos na e através da língua não é um módulo separado e independente da mente; pelo contrário, reflecte a nossa experiência global de seres humanos e envolve conhecimento do mundo integrado noutras das nossas capacidades cognitivas. (Silva, 2006, p. 309).

Sobre tal, Evans (2009, p. 17) acredita que o "conhecimento enciclopédico" (*background*) faz parte do senso comum, sociocultural e de mundo. Assim, o autor o considera um conhecimento altamente detalhado, extenso e estruturado que nós humanos temos a fim de "categorizar as situações", eventos e entidades que se encontra no nosso quotidiano e no mundo.

O mesmo autor (Evans, 2009) acredita que o "conhecimento enciclopédico" tem sido referido por uma série de termos na linguística e na literatura da Ciência Cognitiva. Estes incluem o conhecimento de fundo, o conhecimento do senso comum, conhecimento sociocultural e do conhecimento do mundo real. Este tipo de conhecimento é essencialmente não-linguístico ou de natureza conceitual e parece constituir um vasto corpo de informações relacionais e estruturadas ao que os psicólogos se referem como *frames*.[46]

Conforme Geeraerts (1987), a ausência de uma única definição em termos de atributos necessários e suficientes é uma característica normal das categorias lexicais. De fato, nos casos em que elas são polissêmicas, não podem ser adequadamente descritas por meio de uma única definição. Para Silva (2006):

> [o]s significados são assim categorias de experiência humana, categorias de conhecimento enciclopédico. A polissemia é bem a prova da natureza enciclopédica do significado linguístico: quantitativamente, a extensão de sentido, a formação de novos sentidos é o resultado de novas experiências e conceptualizações, é a resposta à constante variação e inovação; qualitativamente, a possibilidade de coerentemente associar os diferentes usos de uma expressão depende da própria utilização do conhecimento enciclopédico e de processos cognitivos. (Silva, 2006, p. 309).

Quando falantes e ouvintes apelam ao conhecimento enciclopédico na utilização da linguagem esse conhecimento, serve como uma espécie de contexto no qual as palavras podem receber e realizar significado. Por exemplo, os significados de 'abrir', se baseiam num corpo diferente de conhecimentos. Conforme Silva (2006):

> [p]ensamento e linguagem existem em mentes individuais, mas constroem-se na interacção social. A conceptualização é, pois, necessariamente interactiva: os nossos conceitos, as nossas 'realidades' são produto de mentes individuais em interacção entre si e com os nossos contextos físicos, sócio-culturais, políticos, morais, etc. A linguagem desempenha uma função não só *semiológica*, permitindo que as conceptualizações sejam simbolizadas por meio de sons e gestos, como também *interactiva*, envolvendo comunicação, manipulação, expressividade, comunhão social. Afinal, o conhecimento da linguagem emerge do uso da linguagem e, portanto, da interacção social ou discurso! (Silva, 2006, p. 311).

Para Evans (2009), a "construção do significado" acontece a partir da interface entre linguagem, comunicação e cognição e só pode ser frutí-

---

46 Para uma revisão sobre tais estudos, ver Feltes (2007).

fera num esforço interdisciplinar, que inclui a Linguística Cognitiva, Antropologia, Análise do Discurso, Sociolinguística, Psicologia, Neurociência e etc. Além disso, o autor também reafirma que a construção do significado é influenciada pelo uso, envolvendo os atos de fala, gestos, linguagem não-verbal, que servem para expressarem uma situação comunicacional.

O problema é que as palavras parecem ser semanticamente indeterminadas e, apesar da grande quantidade de pesquisas sobre os diferentes tipos de unidades distintas do senso empírico, se evidencia numa mostra de que as palavras possuem significados multifacetados e que dependem altamente do seu contexto. A razão para a indeterminação do significado da palavra deriva de uma tentativa de comunicação em curso para resolver uma variedade de questões semântico-pragmáticas.

A proposta de Evans (2009) tem como objetivo desenvolver um raciocínio relativo à semântica lexical e à construção de sentido, no intuito de desenvolver o que está em consonância com as abordagens de outros autores destacados neste capítulo. O autor argumenta que o significado não é uma propriedade das palavras, mas sim do enunciado, isto é, uma "função de situação em uso". As palavras, como tal, não têm significado. O conhecimento conceitual é organizado em modelos cognitivos que constroem a enciclopédia do conhecimento em rede. Os conceitos lexicais são integrados, guiados por uma série de princípios, dando origem ao significado do enunciado, a concepção.

Ressalta-se que é possível que ocorra um repertório de conceitos lexicais radicalmente variáveis entre as línguas, embora se possam encontrar pontos semelhantes que se identificam no espaço conceitual e de mapas semânticos, em âmbito translinguístico (Croft, 2001).

Embora Evans (2009) tenha tentado esboçar alguns dos processos linguísticos envolvidos, há a necessidade de ressaltar os princípios interpretativos que também se relacionam com processos inferenciais da tradição pragmática, que vão desde os trabalhos de Searle (1969), de Grice (1975), e de Sperber e Wilson (1995). Para tanto, se passa pelas perspectivas social-psicológicas, como as representadas em trabalhos sobre papéis, contextos e configurações de Goffman (1981).

O papel das pistas de contextualização, incluindo o uso de linguagem coloquial de entonação, entre outras, são tratadas na tradição dos estudos em Sociolinguística Interacional, como os de Gumperz (1982), Schiffrin (1987), Chafe (1994) e dos processos de interpretação de Dascal (2006).

De acordo com Lakoff e Johnson (1999, p. 447), os conceitos abstratos são conceitos construídos a partir de "tipos naturais de experiências", nos quais se encontra as interações com o ambiente físico (ação natural do corpo) e a interação com outras pessoas em nossa cultura.

Na descrição de Evans (2009), as características não tradicionais do significado lexical se aplicam em cada uma das leituras polissêmicas de um item lexical. Porém, para o item polissêmico, na LC, é definido como uma estrutura que se realiza através de uma série de operações cognitivas superiores, incluindo conceptualização, inferência, razão, escolha, propósito, interesse e etc, que seja interpretado. Para Taylor (2009, p. 159), a LC propõe a legitimidade de representações esquemáticas e abstratas do significado das palavras, como relevantes para o conhecimento cognitivo de uma língua.

Além disso, Lakoff e Johnson (1999, p. 497) afirmam que os conceitos "fazem uso de aspectos imaginativos", ou seja, os "conceitos abstratos surgem através de projeções" de *frames*, protótipos, categorias radiais, espaços mentais e mesclagem (*blending*) conceptual. As construções gramaticais são maneiras arbitrárias de colocar os sentidos em conjunto. Eles são meios de expressar fundamentais experiências humanas.

A estrutura da significação de uma categoria linguística depende de determinadas associações estruturais do conhecimento de domínio da experiência. Individualmente, trata-se de um conhecimento idealizado, ou seja, um modelo cognitivo, compartilhado por membros de um mesmo grupo social ou modelo cultural. A LC compreende que nos contextos dos respectivos modelos cognitivos e culturais se estabelecem as categorias linguísticas.

A linguagem no domínio da LC é estudada como um sistema para a categorização do mundo, e nela se refletem as capacidades cognitivas gerais e a experiência individual, social e cultural.

CAPÍTULO 2

ESCOLHAS INTERPRETATIVAS DE PORTUGUÊS PARA LIBRAS

Este capítulo descreve os métodos, os procedimentos e as técnicas que foram utilizados na pesquisa experimental da coleta do *corpus* e construção dos dados. Esses aspectos metodológicos são relevantes para este estudo, cujo os objetivos se encontram nos processos tradutórios e interpretativos entre Libras e a Língua Portuguesa, em que estão implicados conceitos abstratos.

Assumem-se os compromissos teórico-metodológicos da LC relativos aos processos e estruturas mentais constituídos dos processos de categorização de um dado domínio da experiência – como os relativos ao conceito abstrato para CRÍTICO.

Dessa maneira, o objetivo geral se caracterizou na perspectiva da LC, os processos de compreensão e tradução de ocorrências de itens polissêmicos relativos aos conceitos abstratos, em que possuem correspondentes lexicais e gramaticais na LP, mas não, necessariamente, equivalentes (semelhanças) formais, em Libras. Com isso, analisam-se os seguintes tópicos:

- utilizar, para a interpretação de Libras, textos especialmente elaborados para o experimento, suficientemente contextualizados em sua coerência pragmática;

- realizar um experimento em que se simule um evento comunicativo de tradutor e intérprete (TILS-Surdo);

- realizar transcrições dos dados obtidos, com trilhas de glosas que focalizem os conceitos abstratos, por meio do sistema de transcrição - ELAN;

- verificar por meio dos aspectos linguísticos as competências necessárias para os TILS's.

Este capítulo se estrutura em três seções que tratam da elaboração dos textos, ou seja, construção de microtextos pragmaticamente contextualizados, com uso dos lexemas e respectivos conceitos abstratos para CRÍTICO, utilizados no experimento, como também a seleção dos participantes; das etapas de construção do procedimento de interpretação de Libras na primeira e segunda versão; e, por fim, dos recursos técnicos utilizados nas transcrições e nos registros dos processos descritivos do sistema de transcrições das Línguas de Sinais construídas nas trilhas do ELAN.

2.1 MÉTODO E PROCEDIMENTOS

O processo se caracteriza como estudo empírico por meio de um experimento em situação controlada. Como não se trata de testar métodos de tradução, mas de verificar quais são os recursos explorados na tradução, por TILS's proficientes, de textos originalmente elaborados em LP para o sistema em Libras, numa situação de comunicação com Surdos, não se lançou mão de grupos de controle e experimental, nem de etapas de pré e pós-testes. As etapas do procedimento empírico são as seguintes:

2.1.1 Elaboração do Microtexto

Nesta seção é caracterizado o processo de elaboração do microtexto que foi utilizado no experimento. Foram levados em consideração os seguintes aspectos:

2.1.1.1 *Textos pragmaticamente contextualizados*

Esta etapa envolve a construção de um conjunto de textos contextualizados com condições mínimas, necessárias e suficientes, para que sejam compreendidos (traduzidos) pelo tradutor e intérprete, interpretados e, então, traduzidos para Libras e português escrito. Em sua constituição semântico-lexical há conceitos abstratos (em rede polissêmica) que possuem, em LP, um lexema estabelecido. O sentido do lexema varia em cada contexto linguístico imediato.

Na elaboração, formou-se um conjunto de textos, tendo como propósito apresentar, em sua constituição, conceitos abstratos que possuem, na língua portuguesa, um lexema estabelecido. Tais lexemas remetem a conceitos abstratos e são, em geral, polissêmicos no sistema lexical da língua portuguesa.[47]

Atenta-se para a construção de um contexto de fala que mantenha as condições mínimas, necessárias e suficientes para que esses textos sejam compreendidos pelo tradutor e intérprete, traduzidos e, então, interpretados simultaneamente para Libras e português escrito.

Por essa razão, foram explorados lexemas cujos sentidos variam em cada enunciado, podendo, num mesmo texto, se empregar o mesmo lexema com sentidos diferentes.

2.1.1.2 Conceitos abstratos e os lexemas para CRÍTICO

O conceito de CRÍTICO ('crítico') foi escolhido para o experimento de ação controlada. Justifica-se essa escolha por ser um conceito complexo que surgiram em situações de tradução e/ou de interpretação de atividades em contextos comunitários. Percebeu-se que nos debates sobre os PCN's é possível encontrar inúmeros conceitos abstratos que ilustram a importância de averiguar o itens lexicais para 'crítico'[48]:

Exemplos de 'crítico'

[a] "Modelos de professores: em busca da autonomia profissional do docente, são discutidos três modelos tradicionalmente aceitos com respeito à profissionalidade dos professores, a saber: o especialista técnico, o profissional reflexivo e o intelectual **crítico**."

---
47 Ver capítulo 1.

48 Os exemplos estão disponíveis do site: http://professortemporario.wordpress.com/resumos-dos-conteudos/

[b] "No processo de mudança, visamos à incorporação da nova intencionalidade; porém, não há como 'garantir' em termos absolutos, não há uma atividade que seja intrinsecamente emancipatória; exige-se atenção, espírito **crítico**, reflexão o tempo todo."

Os microtextos[49] desenvolvidos foram construídos de forma a representarem, mesmo que na forma escrita, algumas estruturas similares às que podem ocorrer na oralidade. Segue abaixo o microtexto elaborado:

[a] Conceitos abstratos para CRÍTICO

Microtexto dos conceitos abstratos de CRÍTICO [48]
Desde o início do ano letivo, os alunos são incentivados a pensar a respeito de temas e problemáticas inerentes à adolescência. O propósito é o desenvolvimento de um cidadão $CRÍTICO_1$ e consciente da conjuntura social que o cerca. Nesse ínterim, a direção escolar, organiza semestralmente encontros entre as turmas de 7ª e 8ª séries com o objetivo de abordar tais problemas cotidianos enfrentados costumeiramente pelos adolescentes. Nesses encontros, os alunos manifestam seu pensamento $CRÍTICO_2$ sobre os temas apresentados. Percebe-se que um dos maiores desafios que os alunos enfrentam diariamente é o olhar $CRÍTICO_3$ que os pais lançam sobre algumas atitudes comportamentais equívocas na escola; como também o pensamento $CRÍTICO_4$ que o professor dirige sobre seus alunos em sala de aula. Essas situações são consideradas por alguns alunos como algo extremamente $CRÍTICO_5$.

Fonte: elaborado pela autora.

Dessa maneira, o microtexto para o conceito abstrato de CRÍTICO foi estabelecido para atender a proposta. Por isso, ao mesmo tempo em que carregam uma certa artificialidade, em função de apresentarem cinco lexemas no microtexto, com sentidos diferentes, não adiciona uma dificuldade especial para os TILS's. Compreende-se que no cotidiano da função profissional dos TILS's, é comum encontrar situações variadas e

---

49 As análises dos microtextos dos conceitos abstratos são apresentadas no capítulo 3.

50 Os números subscritos em cada conceito abstrato serve de identificação para as análises deste capítulo.

complexas, e os TILS's devem estar aptos a traduzir e interpretar textos com graus variados de dificuldade, em função do tema ou das estruturas linguísticas próprias do discurso em questão.

2.2 PARTICIPAÇÃO DOS SUJEITOS

Participaram do experimento dois grupos de TILS's e Surdos. A seleção baseou-se nos seguintes perfis: (a) TILS's e Surdos que são graduados ou estão se graduando em nível acadêmico superior e habilitados conforme abordado no primeiro capítulo desta obra, ao que tange ao disposto nas diretrizes e bases do Decreto nº 5.626 de 20 de dezembro de 2005; (b) TILS's e Surdos que residem no Rio Grande do Sul e Santa Catarina (região sul do país).

Os TILS's e os Surdos que participaram do experimento se enquadram na região descrita e escolhida por esta pesquisa, bem como se encaixam nos aspectos relevantes que a pesquisa leva em consideração. A participação não foi obrigatória e os TILS's e os Surdos a qualquer momento tiveram a liberdade, durante a coleta da pesquisa, de retirar seu consentimento, não lhes acarretando, por meio de sua recusa, nenhum prejuízo.

A participação dos sujeitos, nesta pesquisa, se deu em dois momentos:

[1] **Primeira versão**: o tradutor/intérprete (TILS), interpreta simultaneamente o microtexto sem o conhecimento prévio de seu conteúdo. Este foi lido pelo pesquisador, com uma duração de áudio de um minuto e 30 segundos; logo em seguida, o Surdo traduziu o que compreendeu em Libras. Esse processo teve sua duração de gravação de um minuto e meio. E finalizando esse primeiro momento, o Surdo registrou sua tradução em Libras para a modalidade escrita da língua portuguesa, porém, esta obra não apresentará os dados coletados dessa etapa da pesquisa.

Com isso, seguiu-se para o segundo momento:

[2] **Segunda versão**: em que o tradutor/intérprete (TILS), interpreta simultaneamente o mesmo microtexto para Libras, porém, com o conhecimento prévio do conteúdo. Essa fase tem uma duração de áudio de um minuto e 30 segundos; na sequência, o Surdo traduziu o que compreen-

deu em Libras. Esse processo teve sua duração de gravação de um minuto e meio; e, por fim, o Surdo novamente registrou sua tradução de Libras para a modalidade escrita da língua portuguesa, porém, esta obra não apresentará os dados coletados dessa etapa da pesquisa.

Todos os vídeos tiveram a duração entre 20 e 30 minutos, para cada dupla (TILS's e Surdos). Realizou-se as seis etapas descritas no item (2.2.1) da condução dos procedimentos dos TILS's e da tradução de LP na modalidade escrita. A captura das imagens dos participantes se deu pelo registro de três câmeras digitais (conforme 2.2.1):

- primeira câmera = captura da imagem do tradutor e intérprete de Libras/Português;
- segunda câmera = captura da imagem do Surdo;
- terceira câmera = captura do cenário de atuação para a coleta de dados.

Para a visualização dos dados coletados para esse procedimento, foi necessário apresentar um DVD com 44 arquivos de vídeos, capturados no experimento dos sujeitos TILS's e Surdos, com a participação das partes em primeira e segunda versão. Os vídeos encontram-se salvos em extensão de 'avi.' e 'eaf.' (extensão específica para uso no ELAN). Das seis pastas dos arquivos, foram salvos os vídeos, precisando xas transcrições serem renomeadas com os seguintes títulos: [1]grupoA; [2]grupoB; [3]grupoC; [4]grupoD; [5]grupoE e [6]grupoF. Todos os participantes do experimento atuaram em duplas, isto é, um sujeito TILS e um sujeito Surdo, para a captura das filmagens.

Os recursos de filmagens utilizados na captura[51] das imagens do experimento foram transferidos para o programa de transcrição no sistema do *software* ELAN. Nesse sistema utilizaram-se as imagens filmadas para posterior análise. Com base nessa seleção, os TILS's e os Surdos colaboraram e autorizaram a pesquisadora a utilizar as imagens para construção do *corpus* desta pesquisa.

Cada grupo é proveniente de regiões diferentes, como: RS/Caxias do Sul e SC/Florianópolis. Os sujeitos escolhidos foram seis TILS's e seis Surdos. Os Surdos têm como primeira língua (L1) Libras e, como segunda língua (L2), língua portuguesa (LP) na modalidade escrita.

---

51 Todo o material coletado foi retirado da pesquisa de Machado (2012)

2.2.1 Condução dos Procedimentos para o TILS e a Tradução da Língua Portuguesa para a Modalidade Escrita

Nesta seção, se destacam os procedimentos que foram realizados na interpretação do conceito abstrato CRÍTICO. Os sujeitos da pesquisa realizaram, no total, seis etapas durante o experimento, conforme a seguir:

2.2.1.1 Primeira versão de interpretação de Libras e tradução para o português escrito

Para essa primeira versão os TILS's não tiveram conhecimento prévio do microtexto, ou seja, desconheciam o conteúdo que foi lido em voz audível pelo pesquisador:

(1ª) Em uma primeira versão os TILS's realizaram a interpretação dos textos elaborados em LP para Libras;[52]

(2ª) Os sujeitos Surdos, ao final de cada interpretação, expressaram em Libras o que compreenderam da interpretação do TILS;

(3ª) Os sujeitos Surdos, em seguida, expressaram em modalidade escrita da LP o que compreenderam da interpretação.

2.2.1.2 Segunda versão de interpretação de Libras e tradução para o português escrito

Em uma segunda versão apenas os TILS's tiveram acesso prévio ao microtexto na modalidade escrita da língua portuguesa:

---

52 A tradução fez uso dos recursos linguísticos que a gramática da Libras estabelece, sem uso de técnicas empregadas para a tradução oral.

(4ª) Os TILS's realizaram novamente a interpretação do mesmo microtexto apresentado na primeira versão, ou seja, os microtextos apresentados estavam elaborados em LP sendo interpretados para Libras;

(5ª) Os sujeitos Surdos, ao final de cada interpretação, expressaram em Libras o que compreenderam da interpretação do TILS;

(6ª) Os sujeitos Surdos, em seguida, expressaram em modalidade escrita da LP o que compreenderam da interpretação.

2.3 TRANSCRIÇÃO E OS RECURSOS TÉCNICOS

As transcrições de dados de uma língua natural têm passado por alguns estágios de desenvolvimento e aperfeiçoamento na última década. Em consequência disso, os pesquisadores têm realizado, em dadas circunstâncias, as transcrições das LS, de forma pragmática, ou seja, conforme os objetivos desta obra.

Entretanto, o que vem surgindo é uma grande dificuldade de estabelecer um padrão de convenções para a representação dos sinais manuais nas anotações das trilhas do sistema de transcrição do *software* do ELAN. Cada pesquisador acaba utilizando convenções apropriadas para cada proposta de pesquisa. Realizam anotações nas trilhas utilizando-se de convenções diferentes e/ou com algumas adaptações encontradas em outras pesquisas. Ainda não foi possível definir uma padronização das convenções que representam os sinais manuais das línguas de modalidade gestual que pudessem ser armazenadas em um banco de dados. (McCleary; Viotti, 2007).

O ELAN é um dos recursos mais utilizado pelos pesquisadores, pois a iniciativa de se usar esse recurso potencializa a oportunidade de se criar um padrão (para cada pesquisa) de transcrições para Libras. Nesse sentido, a seguir se apresentam as ferramentas utilizadas na pesquisa. Para visualizar as trilhas e o vocabulário controlado é necessário realizar o *download* do Sistema de transcrição EUDICO – ELAN.[53]

Para explorar os recursos técnicos do *software* ELAN, utilizados nesta pesquisa, foi necessário: (a) sincronizar as imagens dos vídeos capturados nas câmeras digitais; (b) formar um banco de imagens armazenadas com a

---
53 Encontrado no seguinte site: http://www.lat-mpi.eu/tools/elan/.

extensão 'mpeg1'; (c) alterar os vídeos para a extensão de 'eaf.', compatível para a versão 2.6.3, que habilita o sistema de transcrição do ELAN[54].

Após a captura dos vídeos, durante a coleta de dados do experimento e antes de começarem as transcrições nas trilhas de anotações do *software* do ELAN, verificou-se a necessidade técnica de inserção dos vídeos no *software* do ELAN, para construção do *corpus* desta pesquisa e para o êxito das transcrições do *software* ELAN. As seguintes operações foram necessárias:

(1) Filmagem das seis duplas (TILS's/Surdos), conforme as etapas do experimento elaborado para esta pesquisa. (Ver seção 2.2.1).

(2) Gravação em DVD's dos 18 vídeos capturados nos três ângulos de atuação, tendo cada vídeo a duração de 30 a 35 minutos aproximadamente. Os vídeos de cada dupla têm gravação simultânea, por três câmeras de captura de imagens do experimento, dos TILS's, Surdos e do cenário de atuação. Nessa duração estão incluídas a primeira e segunda versão da interpretação e tradução de Libras/português.

Concluídas as filmagens e as gravações, contou-se com a parceria da Câmara Municipal dos Vereadores de Caxias do Sul e da TVcâmara do Canal 16, com o apoio dos profissionais técnicos, seguindo o cronograma do Quadro 1:

Procedimentos técnicos da produção do *corpus*			
Período	Duração	Procedimentos	Técnico
20 dias – mês de junho das 13h às 17h	80 horas na ilha de edição	Edição dos vídeos para o ELAN – separação de pequenos *frames* de execução do TILS, dos Surdos traduzindo e dos Surdos escrevendo sua compreensão	Editor de vídeos

---

54 Para melhor compreensão do sistema de transcrição do EUDICO – ELAN veja a seção (3.4.2) deste capítulo.

2 semanas – mês de julho das 8h às 12h	56 horas de edição de imagens [ilustrações]	Seleção de *frames* das transcrições no ELAN	Editor de imagens
45 dias – meses de agosto e setembro das 20h às 24h	180 horas de transcrição nas trilhas de anotação do *software* do ELAN	Anotações nas trilhas	Pesquisadores e colaboradores

Quadro 1 – Procedimentos técnicos na elaboração do *corpus* da pesquisa

Fonte: Elaborado pela Autora

Realizaram-se cortes somente para separar os *frames* de cada etapa da interpretação e tradução dos TILS's para as trilhas do ELAN. Os vídeos ficaram fragmentados da seguinte forma:

(a) 24 vídeos dos seis TILS's que participaram do experimento, sendo divididos em quatro vídeos de 1 minuto e 30 segundos aproximadamente, ou seja, dois vídeos dos *frames* da primeira versão de interpretação dos conceitos abstratos de CRÍTICO e mais dois vídeos dos *frames* da segunda versão.

(b) 48 vídeos dos seis Surdos que participaram do experimento, sendo divididos oito vídeos de 1 minuto aproximadamente, ou seja, dividiram-se os vídeos em quatro vídeos dos *frames* da primeira versão de tradução para a Libras e mais quatro vídeos dos *frames* da tradução para o português na modalidade escrita.

(c) 60 dias de transcrição dos vídeos dos TILS's e dos Surdos traduzindo para Libras, pois as imagens que foram capturadas dos Surdos traduzindo sua interpretação para o português escrito não foram analisadas por meio do *software*, apenas pela análise da produção escrita.

(d) 20 dias para a análise do *corpus* dos dados coletados no experimento, conforme os quadros elaborados, apresentados no capítulo 3 das análises e resultados, que partem dos procedimentos metodológicos descritos neste capítulo:

- primeira versão das anotações nas trilhas – conceitos abstratos para CRÍTICO;
- segunda versão das anotações nas trilhas – conceitos abstratos para CRÍTICO;
- escolhas de lexemas correspondentes aos conceitos abstratos para CRÍTICO na primeira e segunda versão dos TILS's, dos Surdos em LS e dos Surdos em LP (escrita);
- primeira e segunda versão de interpretação e tradução de Libras dos conceitos abstratos para CRÍTICO: comparação analítica entre TILS/Surdo-LS/Surdo-LP (escrita);

Todos esses procedimentos técnico-metodológicos foram pensados para o uso do sistema de transcrições do ELAN. Houve a necessidade de cada *frames* dos vídeos a serem trabalhados com uma velocidade muito baixa, possibilitando, dessa maneira, a realização das anotações das trilhas criadas no *software* do ELAN.

Para a realização da transcrição foi necessário usar convenções intuitivas que permitem a identificação dos itens lexicais que foram interpretados para Libras. Nesse sentido, as convenções estabelecidas para as anotações das glosas nas transcrições para todas as trilhas no *software* do ELAN[55] foram as seguintes:

(1) **sf** = Sobrancelhas franzidas;

(2) **IX** = indexação;

(3) **+++** = repetição de sinais;

(4) **ef** = expressão facial;

(5) **XXX** = sinal não identificado;

(6) **'<c-r-í-t-i-c-o>'** = datilologia: ocorrência de empréstimo linguístico da LP;

(7) **ACENAR-COM-A-MÃO** = o uso do hífen entre as glosas é a ocorrência de um item lexical de LP e/ou LS;

---

[55] As convenções acima mencionadas teve como base a disciplina de Libras IV ministrada para os alunos do curso de bacharelado de letras libras da UFSC em 2010, com as seguintes professoras: Aline Pizzio e Ana Regina Campello.

(8) enm = expressões não-manuais;

(9) ob = direção do olhar para baixo;

(10) oc = direção do olhar para cima;

(11) od = direção do olhar para direita;

(12) bad = boca aperta para direita;

(13) [....] = pausa na sinalização manual;

(14) @ = gênero não identificado.

Para essas transcrições do microtexto foi necessário estabelecer duas trilhas: a primeira trilha recebe o nome de 'glosas' e a segunda trilha, o de 'tradução-conceitos abstratos'. Foram registrados os aspectos fonéticos [quirológicos] da LS, tais como: movimentos, expressões faciais e não-manuais, dêiticos e anafóricos (IX), principalmente, as escolhas de itens lexicais nas interpretações para Libras, nas ocorrências encontradas para cada um dos lexemas do conceito abstrato de CRÍTICO.

2.3.1 Registro do Processo Descrito

O experimento foi filmado se utilizando de três câmeras digitais, sendo: uma com ângulo direcionado para o Surdo; outra, com ângulo direcionado para o TILS, e a terceira capturando a imagem dos interlocutores simultaneamente. As figuras 11, 12 e 13 ilustram os procedimentos de captura das imagens por meio de filmagens:

1. Posições fixas:

Captura das imagens do intérprete de Libras

Captura das imagens do intérprete de Libras e do surdo

Captura da imagem do surdo

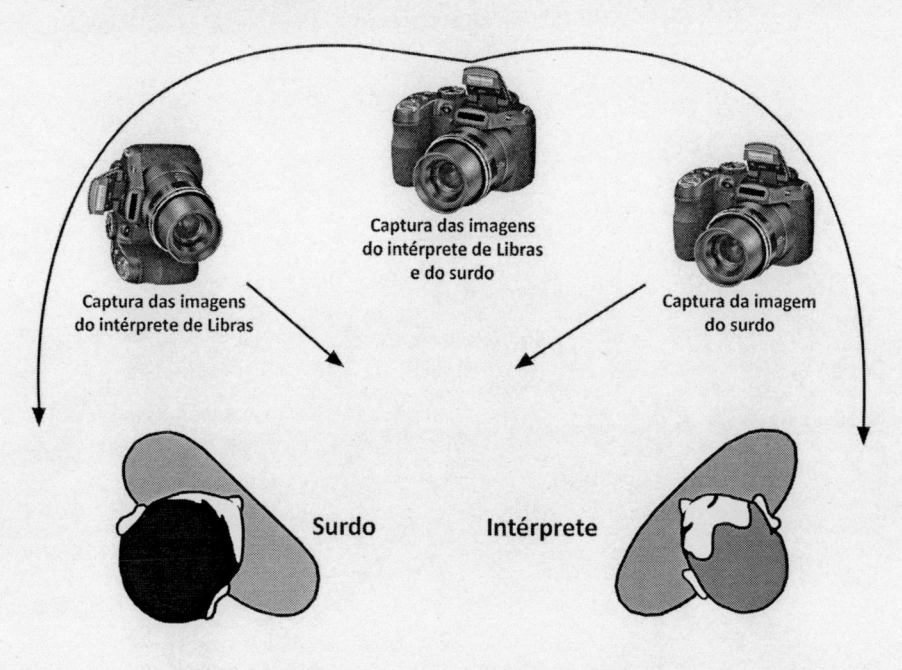

Surdo   Intérprete

Figura 11 – Ilustração do procedimento da captura das imagens

Fonte: Elaborado pela Autora

- Captura de imagens do intérprete de Libras/Português: numa atuação de tradução e interpretação da língua portuguesa para Libras:

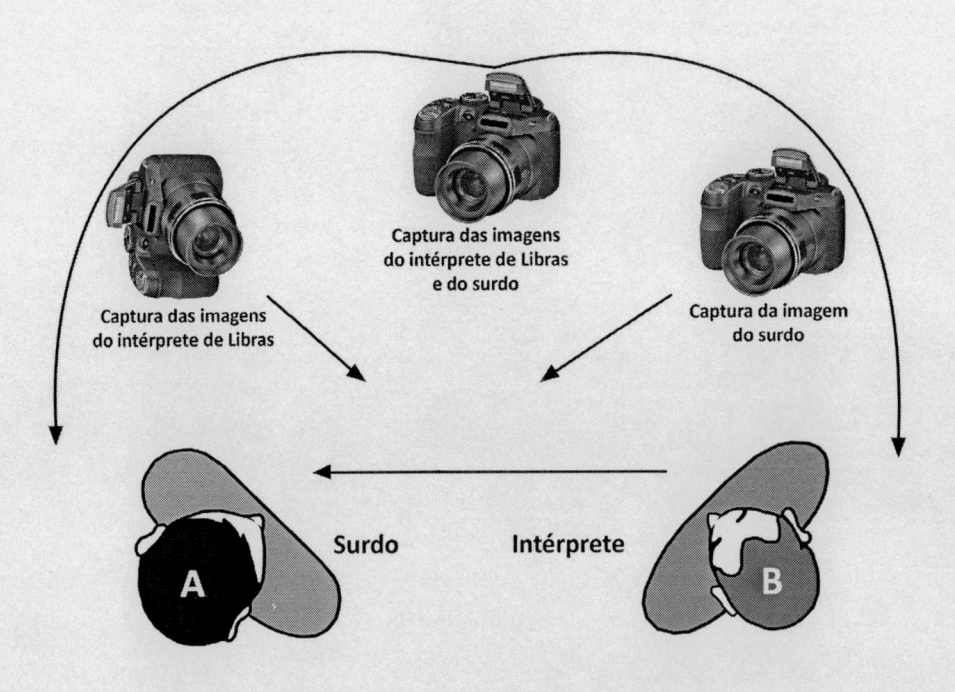

Figura 12 – Ilustração do procedimento da captura da imagem do TILS

Fonte: Elaborado pela Autora

- Captura da imagem da compreensão do sujeito Surdo traduzindo para Libras:

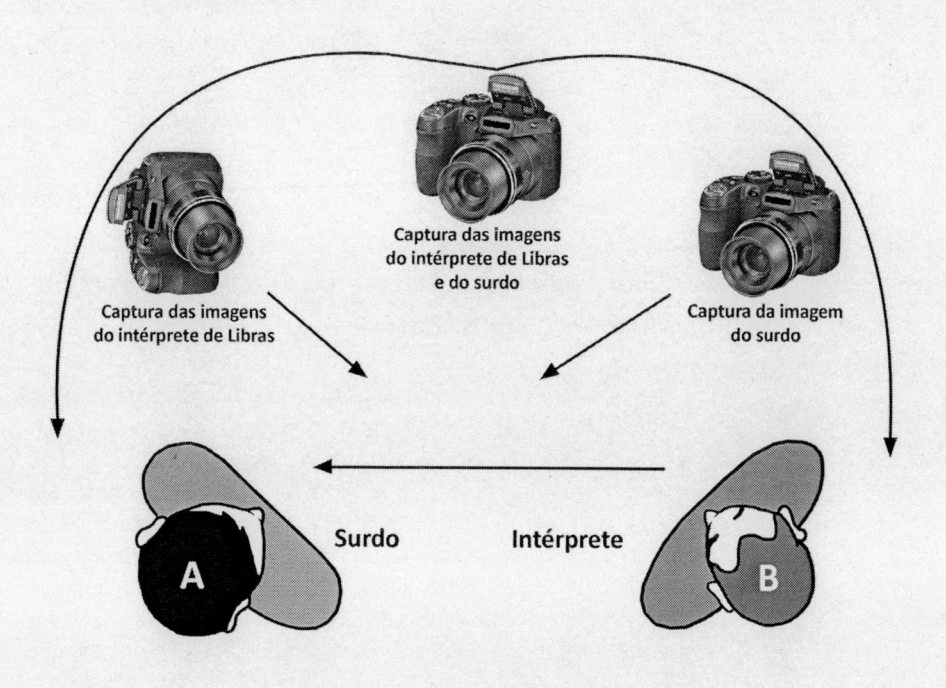

Figura 13 – Ilustração do procedimento da captura da imagem da tradução [compreensão] do Surdo

Fonte: Elaborado pela Autora

2.3.2 Sistema de Transcrições: ELAN

Segundo Quadros e Pizzio (2009), a transcrição é a forma de representar os discursos, as falas e os sinais, através de uma lista de símbolos especiais. Conforme Quadros e Pizzio (2009), "[p]or meio da transcrição, podemos estudar todos os níveis de análise de uma língua (fonológico, morfológico e sintático). No caso das línguas de sinais, o estudo lingüístico é recente e se comparado às línguas orais" (Quadros; Pizzio, 2009, p. 20).

Porém, Quadros e Pizzio (2009), apresentam vários *softwares*[56] que possibilitam a transcrição da língua. São eles: *Filemaker pro*; ANVIL (anotações de vídeo e dados de linguagem), CLAN (Análise Computadorizada da Linguagem); TRANSANA; ELAN; *Signstream* e *Berkeley Transcription System* – BTS. Dentre os *softwares* disponíveis se escolheu para esta pesquisa, o ELAN. Sistema criado pelo Instituto Max Planck de Psicolinguística, pois é o sistema de Transcrição do ELAN que os grupos de pesquisas do Brasil têm utilizado para a área de Libras. Também é o mais conhecido entre os pares, sendo o mais adequado em sua proposta, como também suficientemente detalhado para pesquisas de qualquer língua natural. Conforme advertem McCleary e Viotti (2007):

> [...] logo nos demos conta de que os sistemas de transcrição em uso eram limitados, e que sistemas mais adequados ainda estavam em processo de desenvolvimento e experimentação. Infelizmente, apesar de as línguas sinalizadas já serem estudadas por linguistas por quase meio século, o problema de sua transcrição continua sendo um desafio sem clara solução. Diferentemente das línguas orais, que há milhares de anos têm sido representadas por um sistema quase--fonológico – o alfabético – que se presta à transcrição de texto oral e que pôde ser, sem grandes inovações, adaptado à representação fonético-fonológico, a [sic] as línguas sinalizadas carecem de um sistema de escrita largamente aceito, que possa servir como base de uma transcrição própria. Se, por um lado, a falta de um sistema de escrita significa que as línguas sinalizadas não sofreram influência de uma modalidade escrita, persistindo apenas em sua corporalidade original, por outro lado, significa que os linguistas não têm acesso a corpora de textos escritos em línguas sinalizadas por onde começar sua analise, e nem uma ferramenta básica por meio da qual construir um sistema de transcrição. (McCleary; Viotti, 2007, p. 73).

Entretanto, as pesquisas têm avançado muito para a área, com o uso de transcrições de Libras, principalmente por investigações na área das línguas gestuais. Os pesquisadores têm, por meio de ferramentas tec-

---

56 Os *softwares* que possibilitam as transcrições das LS podem ser encontrados nos seguintes sites, tais como: Filemaker pro (http://www.filemaker.com/products/filemaker-pro/); ANVIL - anotações de vídeo e dados de linguagem (http://dfki.de/~kipp/anvil/), CLAN - análise computadorizada da linguagem (http://childes.psy.cmu.edu/); TRANSANA (http://www.transana.org/); ELAN (http://www.let.kun.nl/sign-lang/echo/); Signstream (http://www.bu.edu.asllrp/signstream) e Berkeley Transcription System – BTS.

nológicas, usufruindo de *softwares* e *hardwares* específicos que aprimoram suas pesquisas e na oportunidade registram os seus dados coletados.

Com isso, para obter uma pesquisa detalhada os seus pesquisadores, desde 1998, passaram a desenvolver projetos com o objetivo de encontrar qualitativamente e quantitativamente os processos de aquisição da língua de sinais. Surge na época, o sistema de transcrição para pesquisas em língua de sinais, ou seja, cria-se um *software* chamado "Sistema *Berkeley* de Transcrição" (BTS). Porém, esse *software* BTS foi construído para suprir os objetivos de pesquisa do projeto *Berkeley* (Quadros; Pizzio, 2007, p. 60-61).

No período de 1998 a 2001, Quadros e Pizzio (2007, p. 61) informam que a iniciativa se deu com o intuito de resgatar autores que pesquisam a área, tais como Nini Hoiting e Dan Slobin. E por esse interesse passou-se a registrar por meio de transcrições linguísticas as gravações que se realizavam com crianças surdas em contextos e processos de interação.

Quadros e Pizzio (2009) alertam que esses dados foram obtidos com crianças surdas em situações espontâneas de comunicação, sendo elas residentes da Holanda e Estados Unidos. De acordo com Quadros e Pizzio (2007, p. 60), o sistema *Berkeley* de transcrição – BST inclui elementos de ferramentas no ELAN. Com isso, se corrobora para os avanços das pesquisas em Libras têm permitido a construção de pesquisas significativas, ou seja, no Brasil passou-se a usar os recursos do ELAN nas pesquisas de Libras, com o intuito de gerar um padrão para sua transcrição de Libras. Nas palavras de Quadros e Pizzio (2009), o ELAN (EUDICO – *Linguistic Annotator*):

> [...] é uma ferramenta de anotação que permite que você possa criar, editar, visualizar e procurar anotações através de dados de vídeo e áudio. Foi desenvolvido no Instituto de Psicolinguística *Max Planck*, Nijmegen, na Holanda, com o objetivo de produzir uma base tecnológica para a anotação e a exploração de gravações multimídia. ELAN foi projetado especificamente para a análise de línguas, da língua de sinais e de gestos, mas pode ser usado por todos que trabalham com *corpora* de mídias, isto é, com dados de vídeo e/ou áudio, para finalidades de anotação, de análise e de documentação destes. O ELAN apresenta o tempo associado aos trechos transcritos, é de fácil interface entre as diferentes informações, permitindo um número ilimitado de registros determinado

pelos pesquisadores. Comporta conjuntos de diferentes caracteres e exporta os registros como documentos de texto. Através deste sistema, o pesquisador pode visualizar diferentes blocos de informação simultaneamente (como os vídeos, as glosas, as traduções das glosas, as marcas não-manuais, os sons associados aos sinais, o contexto, os comentários, entre outros.). No momento em que o pesquisador fixa em um ponto determinado da transcrição, imediatamente os outros blocos de informação relacionados a ela aparecem. (Quadros; Pizzio, 2009. p. 22)

As autoras ainda descrevem como se consegue trabalhar com o ELAN. É necessário ter "um arquivo de mídia (vídeo) e um arquivo de anotação, sendo que é possível trabalhar com até quatro arquivos de vídeos simultaneamente (no caso de filmagens de vários ângulos)". Nesse caso, para trabalhar com vídeos simultaneamente, as orientações são as seguintes:

> [a]ssim, para abrir um documento novo é preciso escolher primeiramente a mídia e depois associá-la a um arquivo de anotação. Para isso, proceda da seguinte forma: 1. Clique em **Arquivo > Novo** e uma nova janela abrirá para você escolher os arquivos. Primeiramente você escolhe o arquivo de vídeo. Para tal, clique em **Look in**, role a seta para baixo até encontrar o diretório onde se encontra o arquivo de mídia e clique nele. Depois que esse arquivo aparecer na trilha correspondente ao arquivo selecionado, clique em >> para enviar para a tela no lado direito, destinada aos arquivos selecionados. Você também pode clicar duas vezes no arquivo escolhido e ele irá diretamente para o outro lado da janela. Depois, para inserir um arquivo de anotação, clique em **modelo** entre as duas janelas, selecionando um arquivo do tipo *.etf. Por fim, clique em **aceitar** e um novo documento do ELAN irá aparecer. (Quadros; Pizzio, 2009, p. 22).

Os procedimentos da captura das imagens, como mencionado na seção (2.3.1) foram registrados com três ângulos diferentes, mas simultaneamente, como apresentado nas figuras [11], [12] e [13] o posicionamento da câmara para a captura das imagens dos TILS's e dos Surdos.

Focalizaram-se as ocorrências de itens polissêmicos relativos ao conceito abstrato de CRÍTICO das escolhas interpretativas dos TILS's e Surdos. Entretanto, antes de apresentar e analisar as ocorrências de itens polissêmicos descrevem-se, a seguir, os atributos das ferramentas que o *software* ELAN disponibiliza.

Segundo McCleary e Viotti (2007) e Quadros e Pizzio (2007 [2009, p. 23]), o ELAN é um sistema que permite "inserir vocabulário controlado, tipos lingüísticos [e] trilhas de transcrição". Dessa maneira, a "primeira coisa que deve ser feita ao iniciar um documento [...] no ELAN é definir quais as trilhas de transcrição que serão necessárias para um determinado projeto [...] determinar o tipo lingüístico que [vai] aplicar a cada trilha de transcrição [...]". A figura 14 ilustra a forma de como o ELAN gera "anotações" para o sistema de transcrição:

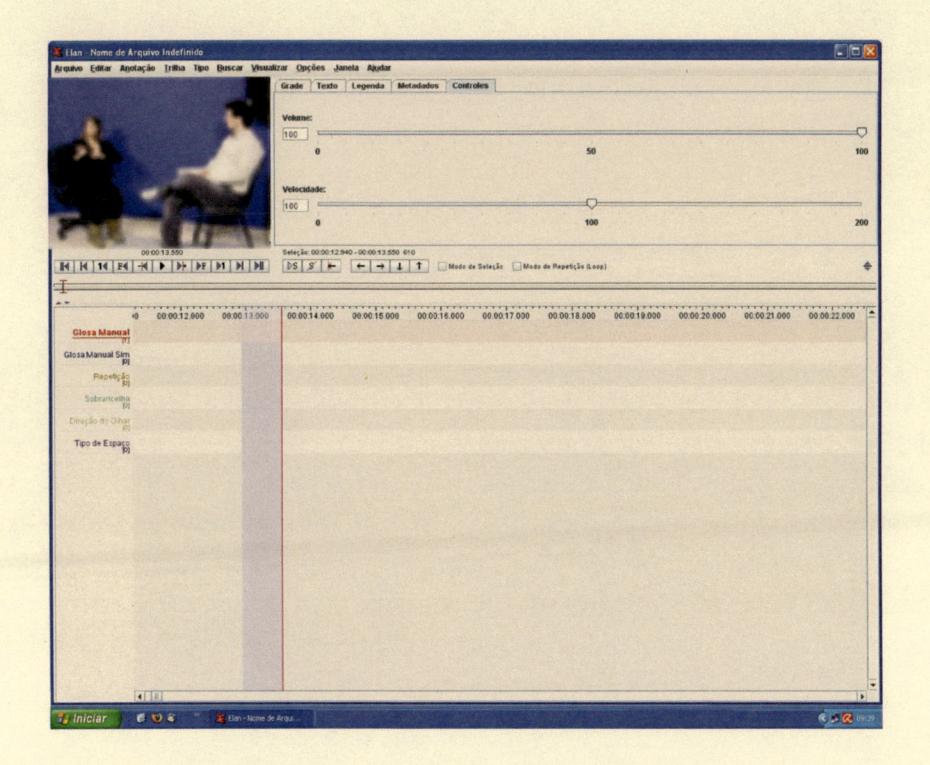

Figura 14 – Inserção de uma ANOTAÇÃO no ELAN

Fonte: Tela elaborada no software do ELAN (MACHADO, 2012, p. 92)

Essas anotações permitem que sejam geradas trilhas de acordo com as próprias anotações e os tempos dos vídeos. Assim, "[t]odas as trilhas são indicadas na linha do tempo e no visor interlinear, mas três destas trilhas podem ser indicadas adicionalmente no visor do subtítulo" (Quadros; Pizzio, 2009, p. 25). As autoras identificam uma trilha como um "conjunto das anotações que compartilham das mesmas características, por exemplo, uma trilha que contém a transcrição das glosas de um sinalizante, uma outra trilha que contém a tradução dessas glosas e assim por diante". O ELAN trabalha com dois tipos de trilhas:

> [..] trilhas independentes, que contêm as anotações que são ligadas diretamente a um intervalo do tempo; [e] [...] trilhas dependentes, que contêm as anotações que são ligadas às anotações de uma outra trilha (isto é, às anotações de sua "trilha-mãe"). Não são ligados geralmente diretamente à linha central do tempo. Na linha do tempo e nos visores interlineares, a etiqueta de uma trilha dependente é atribuída a mesma cor que a etiqueta de sua trilha-mãe. (Quadros; Pizzio, 2009, p. 26).

No sistema de transcrição da Libras, é necessário adicionar 'trilhas' que definem os atributos com que se irá trabalhar. Neste *corpus* se registraram nas trilhas as glosas empregadas pelos TILS's, com o objetivo de transcrever os conceitos abstratos a partir dos microtextos elaborados para o experimento. Também se registraram nas trilhas as glosas da compreensão expressa em Libras pelos sujeitos Surdos. Na janela da Figura 15, ilustra-se a forma como se definem os atributos para transcrever as interpretações e compreensões durante o processo, capturado em vídeo:

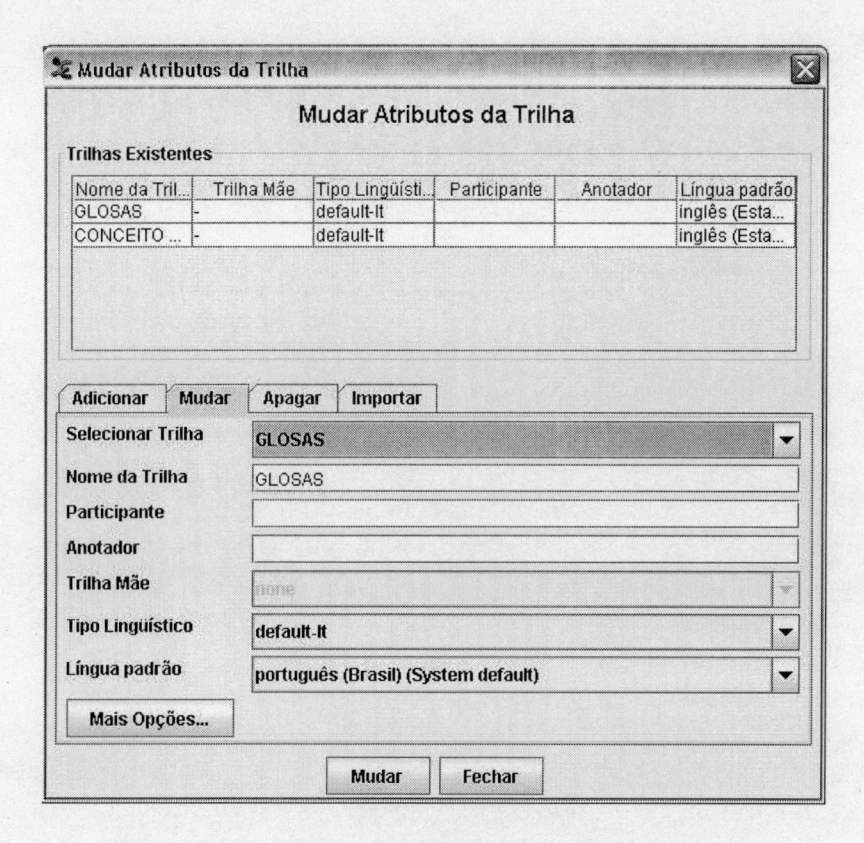

Figura 15 – Ilustração do procedimento de adição das trilhas

Fonte: Tela elaborada no software do ELAN (MACHADO, 2012, p. 93)

Na linha das glosas se teve a preocupação de verificar os sinais manuais que se diferenciam nos aspectos regionais do RS e SC, dando atenção para a comparação das variedades linguísticas que ocorrem em Libras. Destaca-se essa diferença regional acompanhando os estudos de McCleary e Viotti (2007), os quais também identificaram essas distinções, no momento que realizaram uma pesquisa com o uso do sistema de transcrições. Os autores afirmam:

> [o] senso comum por trás da prática da glosa desvinculada de uma descrição é o de que "todo mundo sabe" como determinado sinal é executado. No entanto, isso não é verdade. Vários fatores podem fazer com que os sinais sejam realizados de modo diferente da forma conhecida, como, por exemplo, variação regional e micro-

-regional, ocorrências de processos fonológicos e sinonímia. Um problema relacionado a esse é a padronização do nome do sinal; muitas vezes, ao se atribuir nome ao sinal, a tendência é a de *traduzir* o sinal com base no sentido dominante no contexto específico transcrito, mesmo quando tal tradução não é o nome mais típico do sinal executado. (McCleary; Viotti, 2007, p. 73-74).

Em suma, para a manipulação das imagens capturadas em vídeo e para a transcrição das trilhas se utilizou o *software* ELAN, pois diante da literatura existentes (McCleary; Vitotti, 2007; Quadros; Pizzio, 2007[2009]) este *software* é, ainda, recomendado e adequado quanto à proposta desta pesquisa. Os autores consideram-na uma ferramenta eficiente para a transcrição, pois permite o uso e a criação de diversas linhas de anotação, a visualização simultânea de vídeos com as trilhas e o controle da velocidade durante o processo de transcrições das glosas. Com essa ferramenta tornou-se possível a captura de um maior número de detalhes.

Registraram-se nas trilhas as glosas que os TILS's e Surdos realizaram nas particularidades lexicais semânticas dos conceitos abstratos, demarcando em cada trilha o momento exato em que o sujeito de pesquisa manifestou o sinal manual durante o procedimento. Com isso, se permite uma sistematização dos registros e das análises naquilo que é objeto desta obra.

A partir do sistema de transcrição que o ELAN oferece, conforme já mencionado se deu em duas etapas, que permitiram a sistematização dos dados coletados e registrados e que serviram de base para as análises. A partir das transcrições construídas no *software* do ELAN, se realizaram as etapas dos procedimentos técnicos, tais como:

(a) Transcrição da Libras: consta em registros selecionados para cada trilha – (a) interpretação das glosas, com ocorrências de expressões não-manuais e (b) os conceitos abstratos interpretados e utilizados nos microtextos. Assim, fez-se uso de duas trilhas de anotações de glosas, como a Figura 16 ilustra:

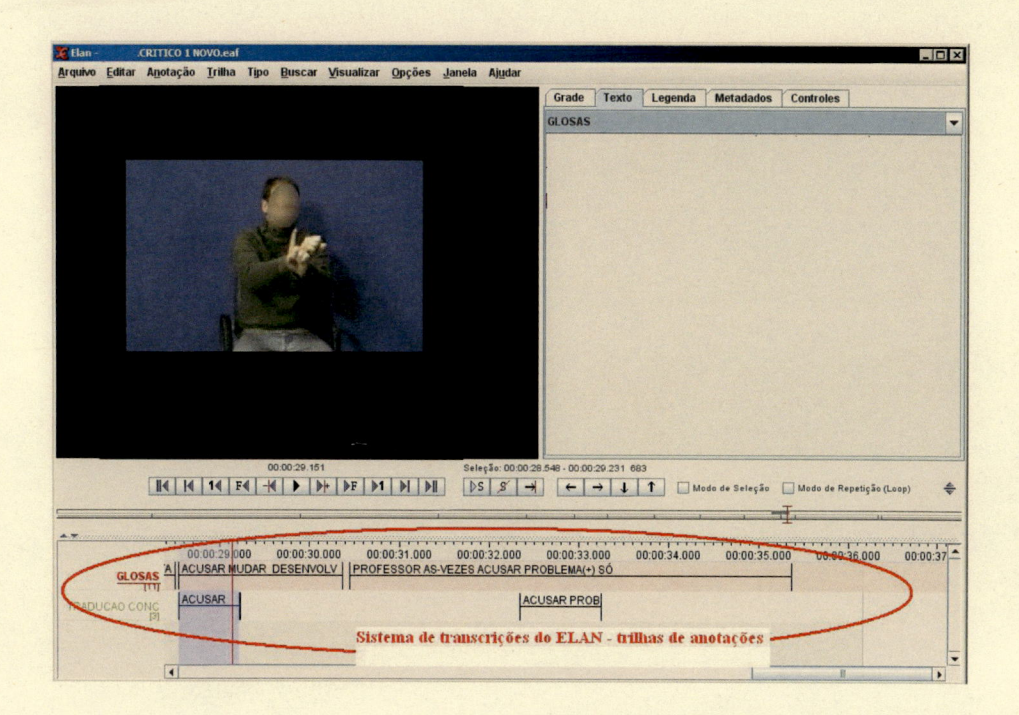

Figura 16 – Trilhas de anotações – sistema de transcrições do ELAN

Fonte: Tela elaborada no software do ELAN (MACHADO, 2012, p. 95)

(b) Análise dos dados coletados: a partir dos registros coletados, se realizou uma análise do processo de interpretação dos TILS's e da compreensão tradutória dos sujeitos Surdos.

Diante dos procedimentos metodológicos apresentados neste capítulo, buscou-se descrever as glosas em detalhes conforme as ocorrências dos itens polissêmicos apresentados em cada interpretação dos TILS's/Surdos. No sistema de transcrições do *software* do ELAN, criaram-se duas[57] trilhas fundamentais, como: "GLOSAS" e "TRADUÇÃO-CONCEITOS ABSTRATOS".

Por meio dos procedimentos e das técnicas utilizadas, foi possível encontrar elementos de interações que marcam a relação entre os TILS's e os Surdos, para condução da análise do *corpus*. No capítulo 3, se apresentam as análises realizadas e os resultados obtidos nesta investigação, pela luz da Linguística Cognitiva.

---

[57] Para escrever na trilha utiliza-se a fonte em caixa alta.

CAPÍTULO 3

CONTRIBUIÇÕES DA LINGUÍSTICA COGNITIVA

Este capítulo tem como foco as análises realizadas a partir do *corpus* construído durante a coleta de dados. Descrevem-se, de forma minuciosa, as análises e os resultados obtidos. Para essas análises, segue-se um procedimento quantitativo, a fim de identificar a quantidade de ocorrências de itens lexicais para 'crítico'; como também para as ocorrências de itens polissêmicos possíveis de serem interpretados e traduzidos pelos TILS's/Surdos. Este capítulo está organizado especificamente para observar as análises das ocorrências lexemáticas escolhidas pelo TILS em relação aos conceitos de CRÍTICO.

3.1 ANÁLISES DOS CONCEITOS ABSTRATOS DE CRÍTICO

Nesta seção as análises são realizadas para os conceitos abstratos de CRÍTICO e na sequência, se apresenta os significados dicionarizados para cada conceito abstrato encontrados no microtexto, bem como, para as escolhas das glosas interpretadas e traduzidas pelos TILS's e Surdos. Transcrevendo as ocorrências dos itens polissêmicos apresentados pelo grupo, e, por fim, as comparações analíticas das ocorrências lexemática-gramaticais realizadas na primeira e segunda versão dos TILS's/Surdos.

3.1.1 Microtexto Utilizado no Procedimento Metodológico: Conceitos Abstratos de CRÍTICO

A coleta de dados para a construção do *corpus* parte do seguinte questionamento: *como se dá a definição dos itens lexicais escolhidos no microtexto para os conceitos abstratos de CRÍTICO?*

Para encontrar a resposta para esta pergunta, se parte de uma pesquisa em dicionários específicos e comuns, a fim de buscar acepções para 'crítico'. Nesse sentido, Welker (2005) argumenta que:

> [...] seria desejável que houvesse mais marcas de uso do que se verificam nos dicionários. Elas são imprescindíveis quando se precisa de ajuda na produção, mas também são importantes na recepção, pois sem elas não se alcança uma compreensão exata do texto. (Walker, 2005, p. 134)

Strehler (1998, p. 172) também questiona o uso dos dicionários: "[n]as palavras que fogem, sob certos aspectos, ao uso corriqueiro, normal da língua de uma comunidade linguística".

Ao analisar os dados do *corpus* seguiram-se algumas orientações[58], como:

(1) para a construção do microtexto, quais os conceitos abstratos relacionados ao item polissêmico 'crítico';

(2) a seleção dos sentidos possíveis para cada ocorrência de 'crítico' no microtexto.

De maneira cuidadosa se destaca a seguir os significados (conceitos abstratos) para cada ocorrência de 'crítico':[59]

Microtexto dos conceitos abstratos de CRÍTICO[55]
Desde o início do ano letivo, os alunos são incentivados a pensar a respeito de temas e problemáticas inerentes à adolescência. O propósito é o desenvolvimento de um cidadão CRÍTICO$_1$ e consciente da conjuntura social que o cerca. Nesse ínterim, a direção escolar, organiza semestralmente encontros entre as turmas de 7ª e 8ª séries com o objetivo de abordar tais problemas cotidianos enfrentados costumeiramente pelos adolescentes. Nesses encontros, os alunos manifestam seu pensamento CRÍTICO$_2$ sobre os temas apresentados. Percebe-se que um dos maiores desafios que os alunos enfrentam diariamente é o olhar CRÍTICO$_3$ que os pais lançam sobre algumas atitudes comportamentais equívocas na escola; como também o pensamento CRÍTICO$_4$ que o professor dirige sobre seus alunos em sala de aula. Essas situações são consideradas por alguns alunos como algo extremamente CRÍTICO$_5$.

Quadro 2 – Conceitos abstratos de CRÍTICO (microtexto)
Fonte: Elaborado pela Autora

---

58 A obra não se debruça aos estudos da lexicografia, apenas menciona por questões operacionais.

59 Os números subscritos em cada conceito abstrato serve de identificação para as análises deste capítulo.

Conforme o microtexto do Quadro 2, elaborado para os conceitos abstratos de CRÍTICO, precisou-se recorrer ao sentido lexema em um dicionário[60] da língua portuguesa (Ferreira, 1999). O conhecimento desse dicionário está relacionado ao estudo da semântica lexical, que permite encontrar o significado das palavras. O modelo dicionarístico busca o significado central de um item lexical, ou seja, investiga a definição da palavra, restringindo-se ao domínio da semântica lexical.

Nesse sentido, a Linguística Cognitiva (LC) verifica que não é possível dissociar o conhecimento lexical do conhecimento de mundo. Nessa premissa de conhecimento de mundo, compreende-se que não basta somente assumir o aspecto significante da palavra. Surge, então, o que a LC postula: o conhecimento linguístico está intrinsecamente associado aos aspectos semântico-pragmático de qualquer língua natural, seja esta de modalidade oral ou gestual. Com isso, identifica-se que para cada conceito abstrato de CRÍTICO, há vários significados, ou seja, o significado depende do contexto do enunciado. As palavras são interpretadas em relação ao conhecimento estruturado ou pelo domínio da experiência. Apesar disso, como ponto de partida se buscou nos dicionários às acepções para o item lexical. Assim, para o sentido de 'crítico' se encontram os seguintes significados:

- **CRÍTICO$_1$** - ("cidadão crítico") = *(adj.)* **Reflexivo:** reflete antes de decidir;

- **CRÍTICO$_2$** - ("pensamento crítico"/alunos) = *(adj.)* **Opinião:** modo de ver, pensar, deliberar, parecer, conceito, juízo, reputação, ideia;

- **CRÍTICO$_3$** - ("olhar crítico") = *(adj.)* **Observar/avaliar/reclamar:** objeção de serenidade, advertir, notar, ver, objetar, replicar, ponderar, calcular, apreciar, estimar;

- **CRÍTICO$_4$** - ("pensamento crítico"/professor) = *(adj..)* **Opinião:** modo de ver, pensar, deliberar, parecer, conceito, juízo, reputação, ideia e princípio de alguma coisa ou pessoa;

- **CRÍTICO$_5$** - ("situações [...] como algo crítico") = *(adj.)* **Incômodo:** que causa mal-estar, inquietação, importuno, que causa dificuldade, embaraço, estorvo.

---

[60] Os significados para os conceitos abstratos, relativos a 'crítico', encontra-se no grande dicionário Aurélio. Fonte: Ferreira (1999).

Atente-se para o fato de que, apesar de CRÍTICO$_2$ e CRÍTICO$_4$ remeterem à ideia de OPINIÃO, esta se aplica diferentemente ao aluno e professor, o que sugere habilidades e competências diferentes para as escolhas interpretativas.

De acordo com os significados encontrados para cada item polissêmico dos conceitos abstratos de CRÍTICO (microtexto - Quadro 2), observa-se que há um significado fixo de sentido para cada lexema. É possível encontrar muitas ocorrências polissêmicas de uso, o que permite aos tradutores e intérpretes de Libras/Português realizarem escolhas de acordo com seu conhecimento linguístico e de mundo.

A Semântica Cognitiva associa a construção do significado ao conhecimento enciclopédico, não de forma aleatória. Mas estabelece de forma que o sentido da abstração, com um conhecimento linguístico e de mundo, necessita de se criar um sistema estruturado em redes mentais. Observa-se que as palavras estão sempre ligadas ao contexto semântico-pragmático. Entretanto, não se pretende criar as redes de conceitos (radiais) por serem objetos de outra investigação, mais especializada.

3.1.2 Conceitos Abstratos de CRÍTICO:
Escolhas Interpretativas

Na coleta de dados realizada para os conceitos abstratos de CRÍTICO, registrados nas anotações das trilhas de transcrição do *software* ELAN, é possível observar o vasto repertório lexicográfico obtidos de dicionários no item (3.1.1), esses verificados na Figura 17, representados no número [1], pelas 'glosas' escolhidas durante o ato da interpretação do TILS.

Na Figura 17 se observa os registros do TILS, destacando as ocorrências lexemáticas dos conceitos abstratos de CRÍTICO.

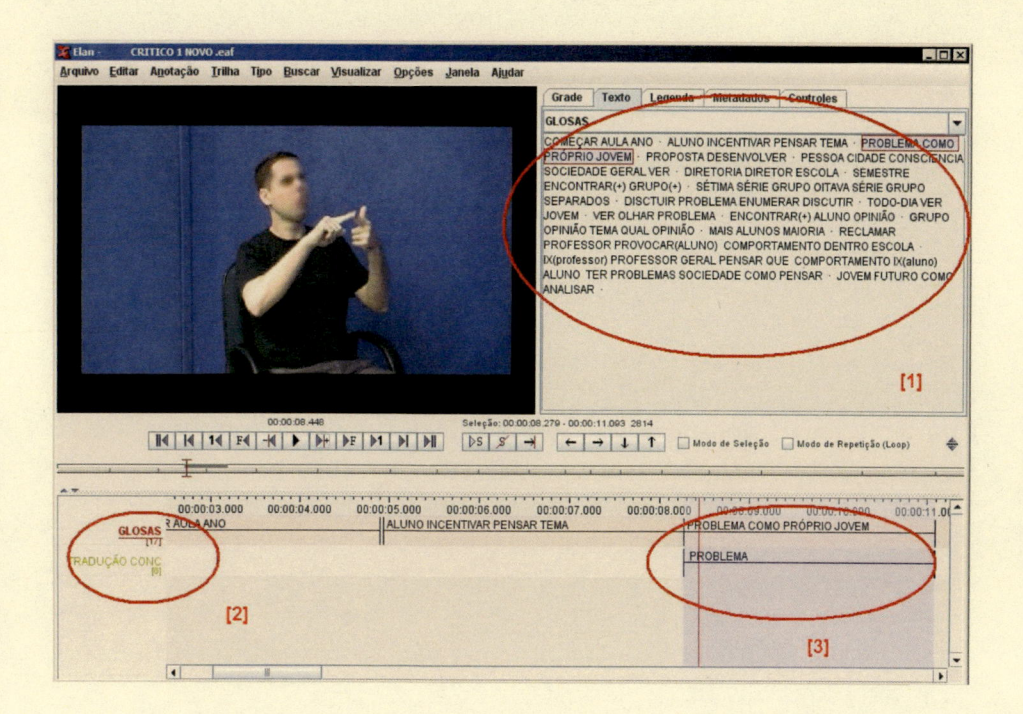

Figura 17 – Ilustração do sistema de transcrições do *software* ELAN

Fonte: Tela elaborada no software do ELAN (MACHADO, 2012, p. 100)

Na mesma Figura 17, representada no destaque da seleção do número [2], é possível observar as duas trilhas de anotações, constituídas durante as transcrições do ELAN, que são as 'GLOSAS' e 'TRADUÇÃO-CONCEITOS ABSTRATOS'. E, por fim, o número [3], ilustrado também na Figura 17, que registra as anotações dos Conceitos Abstratos. Na primeira trilha, visualiza-se o registro de 17 anotações de glosas escolhidas pelo TILS numa primeira versão dos conceitos abstratos de CRÍTICO. E, na segunda trilha, registra-se a ocorrência do primeiro item lexical interpretado para Libras, ou seja, encontram-se seis ocorrências de glosas, em toda a trilha. Dessa maneira, é possível observar os itens lexicais associados aos conceitos abstratos para CRÍTICO$_1$ tendo todos registrados no sistema de transcrições do *software* ELAN.

No entanto, não se sentiu a necessidade de inserir "vocabulários controlados" e os "tipos linguísticos" para essas análises. As anotações constituídas nas trilhas do ELAN (transcrições), registram em glosas que foram escolhidas pelos TILS's e Surdos, com o objetivo de identificar os parâmetros fonológicos em Libras.

Dessa maneira, extraiu-se, conforme a ilustração da Figura 17 no campo do item [1], a produção de glosas anotadas em cada trilha. Essas glosas (sinais manuais) foram escolhidas pelos tradutores e intérpretes durante a tarefa realizada para este experimento. Porém, antes de obter a produção textual no item [1] da Figura 17, se fez necessário transcrever todos os sinais manuais que foram utilizados pelos TILS's.

Com isso, para compreender o processo, o Quadro 3 apresenta as anotações das trilhas das glosas dos sinais manuais, elaborado especialmente para transcrever os lexemas da LP (modalidade escrita) pelos sujeitos surdos. Os lexemas transcritos são construções dos TILS's e dos Surdos durante a produção tradutória e interpretativa para Libras/Português. Sendo todas realizadas com base no enunciado do microtexto. Com esses registros as transcrições passaram a servir de base para identificar as ocorrências lexemáticas-gramaticais no ato tradutório dos sujeitos envolvidos. No Quadro 3 observa a primeira versão da tradução e interpretação em Libras dos TILS's/Surdos:

Conceitos abstratos de CRÍTICO – Primeira versão de TILS/Surdo			
Gps	TILS	Conteúdo do Microtexto	Surdo-LS
A	COMEÇAR SEMPRE ALUNOS INCENTIVAR IX(alunos) · REFLETIR PROBLEMAS COISAS PRÓPRIO JOVEM IX(alunos) · OBJETIVO QUE [ef.?] · AJUDAR IX(alunos) **OPINIÃO** CONSCIÊNCIA · COMO AGORA SOCIEDADE TER INTERAÇÃO IX(si) · O-QUE? DIRETORIA DIRETOR · SEMESTRE(+) ENCONTRAR · SÉTIMA SÉRIE OITAVA SÉRIE GRUPO GRUPO ENCONTRAR · VER PROBLEMAS JOVENS TODO-DIA PERCEBER IX(jovens) · COMO TER JOVEM SABER COMO DIFICULDADE PROBLEMA TER · IX(alunos) ALUNOS · TAMBEM ACENAR-MÃO **OPINIÃO** TEMA **OPINIÃO** TAMBÉM MAIORIA IX(alunos) ALUNO · **RECLAMAR** PORQUE PROFESSOR · **RECLAMAR** IX(si) COMPORTAMENTO · **RECLAMAR** ef(que isso?) · ESCOLA VIDA · MAS PROFESSOR PENSAR O-QUE? · MOMENTO SOCIEDADE **PROBLEMA** · PARECER INFLUENCIAR IX(si) ALUNO · COMO FUTURO COMO · ef(amedrontado) FUTURO PRECISAR COISAS TER	Desde o início do ano letivo, os alunos são incentivados a pensar a respeito de temas e problemáticas inerentes à adolescência. O propósito é o desenvolvimento de um cidadão CRÍTICO e consciente da conjuntura social que o cerca. Nesse ínterim, a direção escolar, organiza semestralmente encontros entre as turmas de 7ª e 8ª séries com o objetivo de abordar tais problemas cotidianos enfrentados costumeiramente pelos adolescentes. Nesses encontros, os alunos manifestam seu pensamento CRÍTICO sobre os temas apresentados. Percebe-se que um dos maiores desafios que os alunos enfrentam diariamente é o olhar CRÍTICO que os pais lançam sobre algumas atitudes comportamentais equívocas na escola; como também o pensamento CRÍTICO que o professor dirige sobre seus alunos em sala de aula. Essas situações são consideradas por alguns alunos como algo extremamente CRÍTICO.	CONVERSA MUITO LONGA · ef(não) · ef(não) ·pensar ef. (não incorporado) perder · ef(não) · IDÉIAS-APAGAR · DESCULPE IDÉIAS-APAGAR · MUITO LONGO NÃO-ENTENDER ef.(frustrado) ·

	Conceitos abstratos de CRÍTICO – Primeira versão de TILS/Surdo		
Gps	TILS	Conteúdo do Microtexto	Surdo-LS
B	A COMEÇAR PASSADO ANO COMEÇAR · ALUNO E PRECISAR INCENTIVAR · PENSAR REFLETIR COMO TEMA TAMBEM · XXX TEMA · TEMA JOVEM IX(jovem) · TEMA IX(jovem) FOCALIZAR E PRECISAR C-I-D-A-D-Ã-O · **CONSCIÊNCIA** COMO(+) · SOCIEDADE GERAL · POR-ISSO ORGANIZAR ESCOLA PRECISAR XXX · FAZER REUNIÃO SETIMA SERIE TAMBÉM OITAVA SÉRIE · OBJETIVO E IX(problema) FOCALIZAR PROBLEMA PRÓPRIO TODO-DIA · PORQUE JOVEM TER MUITO PROBLEMA ASSIM-MESMO · IX(reunião) REUNIÃO · ALUNO PRECISAR ACENAR-COM-A-MAO · **EXPLICAR** MOSTRAR COMO · **DESABAFAR** · MAIORIA **RECLAMAR** PROFESSOR · PALAVRAS-DURAS · COMO DELES EDUCACAO DENTRO ESCOLA · POR ISSO PROFESSOR IX(professor) EDUCACAO É · PARECER PRÓPRIO SOCIEDADE · VIDA XXX · POR ISSO TODA SOCIEDADE QUERER ALUNO JOVEM COMO FUTURO ASSIM-MESMO	Desde o início do ano letivo, os alunos são incentivados a pensar a respeito de temas e problemáticas inerentes à adolescência. O propósito é o desenvolvimento de um cidadão CRÍTICO e consciente da conjuntura social que o cerca. Nesse ínterim, a direção escolar, organiza semestralmente encontros entre as turmas de 7ª e 8ª séries com o objetivo de abordar tais problemas cotidianos enfrentados costumeiramente pelos adolescentes. Nesses encontros, os alunos manifestam seu pensamento CRÍTICO sobre os temas apresentados. Percebe-se que um dos maiores desafios que os alunos enfrentam diariamente é o olhar CRÍTICO que os pais lançam sobre algumas atitudes comportamentais equívocas na escola; como também o pensamento CRÍTICO que o professor dirige sobre seus alunos em sala de aula. Essas situações são consideradas por alguns alunos como algo extremamente CRÍTICO.	[ILS B] EXPLICAR · EU ENTENDER · XXX EXPLICAR FALAR Libras COMEÇAR ANO ALUNO SALA · NÃO-COMBINAR · NERVOSA ef.(cocou o nariz + sorriu) · CALMA · SALA ALUNO O-QUE OBJETIVO · É OBJETIVO DESCULPA NÃO-COMBINAR · OBJETIVO É ALUNO PRECISAR CIDADÃO C-I-D-A-D-Ã-O CIDADÃO · **CONSCIÊNCIA** · NÃO-COMBINAR ef.(NÃO|vergonha de esquecer os sinais) · VOLTA DE NOVO ef.(cocar o nariz +pensar+apertar com as mãos a boca+OB) · PARA COMEÇAR ANO ALUNO IX(sala) SALA · NÃO-SABER ONDE ESCOLA · DENTRO SALA O-QUE · ELES OBJETIVO O-QUE · PRECISAR CIDADÃO **CONSCIÊNCIA** · POR QUE(+++) · SÓ ·

Conceitos abstratos de CRÍTICO – Primeira versão de TILS/Surdo			
Gps	TILS	Conteúdo do Microtexto	Surdo-LS
C	COMEÇAR AULA ANO · ALUNO INCENTIVAR PENSAR TEMA · PROBLEMA COMO PRÓPRIO JOVEM · PROPOSTA DESENVOLVER · PESSOA CIDADE CONSCIENCIA SOCIEDADE GERAL VER · DIRETORIA DIRETOR ESCOLA · SEMESTRE ENCONTRAR(+) GRUPO(+) · SÉTIMA SÉRIE GRUPO OITAVA SÉRIE GRUPO SEPARADOS · DISCTUIR PROBLEMA ENUMERAR DISCUTIR · TODO-DIA VER JOVEM · VER OLHAR PROBLEMA · ENCONTRAR(+) ALUNO **OPINIÃO** · GRUPO OPINIÃO TEMA QUAL **OPINIÃO** · MAIS ALUNOS MAIORIA · **RECLAMAR** PROFESSOR **PROVOCAR**(ALUNO) COMPORTAMENTO DENTRO ESCOLA · IX(professor) PROFESSOR GERAL PENSAR QUE COMPORTAMENTO IX(aluno) ALUNO TER **PROBLEMAS** SOCIEDADE COMO PENSAR · JOVEM FUTURO COMO **ANALISAR** ·	Desde o início do ano letivo, os alunos são incentivados a pensar a respeito de temas e problemáticas inerentes à adolescência. O propósito é o desenvolvimento de um cidadão CRÍTICO e consciente da conjuntura social que o cerca. Nesse ínterim, a direção escolar, organiza semestralmente encontros entre as turmas de 7ª e 8ª séries com o objetivo de abordar tais problemas cotidianos enfrentados costumeiramente pelos adolescentes. Nesses encontros, os alunos manifestam seu pensamento CRÍTICO sobre os temas apresentados. Percebe-se que um dos maiores desafios que os alunos enfrentam diariamente é o olhar CRÍTICO que os pais lançam sobre algumas atitudes comportamentais equívocas na escola; como também o pensamento CRÍTICO que o professor dirige sobre seus alunos em sala de aula. Essas situações são consideradas por alguns alunos como algo extremamente CRÍTICO.	ef(pensando. pausa+não) · COPIAR-ME FALAR COPIAR-ME · DÚVIDA VOU-VER PULAR(+) CONTRÁRIO ef.(pensando+fechando os olhos+nao+apertando os olhos com os dedos) · ALUNO ÁREA ALUNO · JÁ · SEI-LÁ CONFUSÃO · IX(intérprete) FALAR ALUNO PRECISAR INCENTIVAR ALUNO · GRUPO ALUNO OUTRO · DOIS-GRUPOS · ALUNO ALUNO INCENTIVAR · PROFESSOR **PROVOCAR** (+++) · PORQUE ef.(pensando) · ef. (nao) BAGUNÇAR · FALTAR CIDADANIA · ef(não) · ef. (pensando) IMPORTANTE SOCIEDADE ÁREA SOCIEDADE IMPORTANTE · ef(não) ·

Conceitos abstratos de CRÍTICO – Primeira versão de TILS/Surdo			
Gps	TILS	Conteúdo do Microtexto	Surdo-LS
D	PASSADO COMEÇAR ANO ESTUDAR · ALUNO INLUÊNCIA PENSAR TEMA JOVEM · PROPOSTA DESENVOLVER **CIDADÃO PENSAR** ef. (concordância com o enunciado) SOCIEDADE TER · POR ISSO DIREÇÃO COORDENAÇÃO ESCOLA FAZER ENCONTRO(+) GRUPO SÉTIMA SÉRIE OITAVA SÉRIE · VER COMO MELHORAR PROBLEMA TODO-DIA JOVENS · ESSE ENCONTRO ACONTECER · ALUNO FALAR enm. (SF) **OPINIÃO** TEMA · PERCEBER MAIOR DESAFIO(+) ALUNO TER DESAFIO TODO-DIA · PAI MÃE OLHAR CURIOSO **PROVOCAR** · TEMA COMPORTAMENTO ALUNO DENTRO DENTRO ESCOLA · POR ISSO PROFESSOR CURIOSO **RECLAMAR PROVOCAR** ALUNO ESCOLA · POR ISSO ALUNO **RECLAMAR RUIM** ·	Desde o início do ano letivo, os alunos são incentivados a pensar a respeito de temas e problemáticas inerentes à adolescência. O propósito é o desenvolvimento de um cidadão CRÍTICO e consciente da conjuntura social que o cerca. Nesse ínterim, a direção escolar, organiza semestralmente encontros entre as turmas de 7ª e 8ª séries com o objetivo de abordar tais problemas cotidianos enfrentados costumeiramente pelos adolescentes. Nesses encontros, os alunos manifestam seu pensamento CRÍTICO sobre os temas apresentados. Percebe-se que um dos maiores desafios que os alunos enfrentam diariamente é o olhar CRÍTICO que os pais lançam sobre algumas atitudes comportamentais equívocas na escola; como também o pensamento CRÍTICO que o professor dirige sobre seus alunos em sala de aula. Essas situações são consideradas por alguns alunos como algo extremamente CRÍTICO.	COMEÇAR AGORA · TODOS ANOS SEMPRE TER DENTRO ESCOLA ef.(pensando) · PROFESSOR@ SEMPRE OBSERVAR TODOS ALUNOS · COMPORTAMENTO POIS-É **PROBLEMA** BOM RUIM · TAMBÉM MÃE PAI VIR OBSERVAR CUIDAR FILHOS (.....) (pausa) ENTÃO · TAMBÉM MAIS ef. (OC. olhar para cima) · ALUNOS MUITO **PROVOCAR** ef(incomodados) DIFÍCIL · SEMPRE ESTUDAR ef. (OD) · ACHAR SÓ · MAIS OU MENOS ·

Conceitos abstratos de CRÍTICO – Primeira versão de TILS/Surdo			
Gps	TILS	Conteúdo do Microtexto	Surdo-LS
E	COMEÇAR ESCOLA · PERGUNTAR ALUNO PENSAR · TEMA DIFERENTE(++) · O-QUE JOVEM VIDA DESENVOLVER POSTURA · FAMÍLIA MUNDO LUGAR(+) · ESCOLA ORGANIZAR SEMESTRE ACOMPANHAR(+) GRUPO(+) · SETE ALUNO SETE ALUNO SÉTIMA SÉRIE · TEMA(+) TODO-DIA JOVEM PARTICIPAR · ALUNO DEFENDER MEU VONTADE TEMA (+) · TER PERCEBER · MAIS XXX DEFENDER PAI MÃE · SEMPRE IX(pai mãe) NÃO ERRADO(+++) · PAI MAE LUTAR(+++) MELHOR (++) · PROFESSOR TAMBÉM PRECISAR AJUDAR(+) MELHOR(+++) · TEMA(+) DIFERENTE(+) · TAMBÉM ALUNO(+) QUERER DIFICULDADE CONTINUAR ·	Desde o início do ano letivo, os alunos são incentivados a pensar a respeito de temas e problemáticas inerentes à adolescência. O propósito é o desenvolvimento de um cidadão CRÍTICO e consciente da conjuntura social que o cerca. Nesse ínterim, a direção escolar, organiza semestralmente encontros entre as turmas de 7ª e 8ª séries com o objetivo de abordar tais problemas cotidianos enfrentados costumeiramente pelos adolescentes. Nesses encontros, os alunos manifestam seu pensamento CRÍTICO sobre os temas apresentados. Percebe-se que um dos maiores desafios que os alunos enfrentam diariamente é o olhar CRÍTICO que os pais lançam sobre algumas atitudes comportamentais equívocas na escola;como também o pensamento CRÍTICO que o professor dirige sobre seus alunos em sala de aula. Essas situações são consideradas por alguns alunos como algo extremamente CRÍTICO.	ESCOLA DIFERENTES LUGAR(+) · ALUNO(+) APRENDER DENTRO · PORQUE IGUAL ef(não) DIFERENTE ESCOLA · TER ALUNO SÉTIMA SÉRIE ef(não) SETE · ALUNO SETE · LUGAR(+) PORQUE MÃE PAI INCENTIVAR IX(aluno) ALUNO · APRENDER ESCOLA PROFESSOR CERTO · CERTO ENSINAR LUTAR MÃE PAI · DESENVOLVER TER VONTADE ALUNOS APRENDER DIVERSOS ·

Conceitos abstratos de CRÍTICO – Primeira versão de TILS/Surdo			
Gps	TILS	Conteúdo do Microtexto	Surdo-LS
F	COMEÇAR ANO ESTUDAR · ALUNO INCENTIVAR ALUNO · ASSUNTO PROBLEMA PRÓPRIO JOVEM · PROPOSTA CONSTRUIR PRÓPRIO CIDADÃO · CRÍTICO (ou **RECLAMAR**) · JUNTO SOCIEDADE · SABER SOCIEDADE PROFESSOR DIREÇÃO ESCOLA · SEMESTRE REUNIÃO GRUPO SÉTIMA SÉRIE OITAVA SÉRIE · OBJETIVO TER ASSUNTO · DISCUTIR TER PROBLEMA NORMAL ACONTECER JOVEM · GRUPO REUNIÃO ALUNO MOSTRAR · TODO-DIA DÚVIDA QUE TEMA · PERCEBER ALGUM(+) DESAFIO ALUNO · TER TODO-DIA COMO PAI MÃE · MOSTRAR CRITICOU (ou **RECLAMAR**) PRÓPRIO COMPORTAMENTO FALTAR PROPRIO DENTRO ESCOLA TAMBÉM · TODO-DIA PROFESSOR CRÍTICA (ou **RECLAMAR**) INLFUÊNCIAR ALUNO · PROFESSOR INFLUÊNCIAR · ACONTECER É ALGUNS ALUNOS PENSAR PRÓPRIO CRÍTICO (ou **RECLAMAR**) C-R-Í-T-I-C-O ·	Desde o início do ano letivo, os alunos são incentivados a pensar a respeito de temas e problemáticas inerentes à adolescência. O propósito é o desenvolvimento de um cidadão CRÍTICO e consciente da conjuntura social que o cerca. Nesse ínterim, a direção escolar, organiza semestralmente encontros entre as turmas de 7ª e 8ª séries com o objetivo de abordar tais problemas cotidianos enfrentados costumeiramente pelos adolescentes. Nesses encontros, os alunos manifestam seu pensamento CRÍTICO sobre os temas apresentados. Percebe-se que um dos maiores desafios que os alunos enfrentam diariamente é o olhar CRÍTICO que os pais lançam sobre algumas atitudes comportamentais equívocas na escola; como também o pensamento CRÍTICO que o professor dirige sobre seus alunos em sala de aula. Essas situações são consideradas por alguns alunos como algo extremamente CRÍTICO.	PODER COMEÇAR · ESCOLA ALUNO SÉTIMA SÉRIE OITAVA SÉRIE GRUPO · MOSTRAR O-QUE TEMA ESCOLA PROBLEMA ÁREA · TER JOVEM ÁREA · IX · TAMBÉM PAI MÃE PERCEBER · DENTRO PROBLEMA COMPORTAMENTO · OUTRO ALUNOS RESOLVE · O-QUE **RECLAMAR** FALTAR COMPORTAMENTO · RESOLVE MUDAR DESENVOLVER · PROFESSOR ÀS-VEZES **ACUSAR PROBLEMA(+)** SÓ

Quadro 3 – Primeira versão de transcrições das interpretações para Libras nas trilhas de anotações – conceitos abstratos de CRÍTICO

Fonte: Elaborado pela Autora

Nesta primeira versão de interpretação e tradução em Libras, buscou-se, por meio do Quadro 3, reunir as informações obtidas durante a coleta de dados da participação dos seis grupos selecionados para a atuação no experimento. Dessa maneira, a primeira versão segue a sequência das etapas estruturadas nos procedimentos metodológicos desta pesquisa.

Analisando as colunas do Quadro 3, percebe-se que a divisão realizada evidenciando a participação dos TILS's e dos Surdos na interpretação em Libras dos grupos envolvidos para esse experimento. As colunas do Quadro 3 estão uniformemente distribuídas da seguinte forma: (a) na primeira coluna, se apresentam os grupos que atuaram no experimento; (b) na segunda coluna, segue o trecho do microtexto onde ocorre o conceito abstrato CRÍTICO utilizado no experimento e (c) na terceira coluna, se transcrevem as interpretações em Libras dos TILS's.

Dessa forma, as linhas estão separadas pelos grupos A, B, C, D, E e F e esses grupos foram os que atuaram durante o experimento de uma situação controlada. Os registros (trabalhados) todos na sequência que se encontra, ou seja, foram registrados por ordem alfabética, conforme destacada na primeira coluna do Quadro 3. Os grupos foram nomeados por letras (A, B, C, D, E e F), a fim, de preservar as identidades dos informantes para essa pesquisa.

Os grupos participaram conforme as orientações das seis etapas dos procedimentos metodológicos: três etapas para cada versão de tradução e interpretação em Libras/português. Para a primeira versão, conforme o Quadro 3, reitera-se que os TILS's não tiveram acesso a nenhum conhecimento prévio do microtexto, ou seja, os sujeitos desta pesquisa desconheciam o microtexto que fora lido durante a primeira etapa dos procedimentos.

Para esta primeira versão os TILS's realizaram a interpretação em Libras, e os Surdos, ao final de cada interpretação, expressaram uma tradução em Libras, do que compreenderam durante a interpretação dos TILS's e, por fim, na sequência desta primeira versão, os Surdos expressaram, na em modalidade escrita da LP o que compreenderam da interpretação do microtexto.

Na sequência das análises do Quadro 3, apresenta-se, no Quadro 4, a segunda versão de interpretação e tradução em Libras, sendo esta também realizada pelos mesmos grupos e seguindo os mesmos procedimentos. Para essa segunda versão de tradução e interpretação de Libras/português, surgem outros registros de ocorrências lexemáticas/gramaticais, que estão apresentadas no Quadro 4 e as mesmas colunas estão distribuídas no Quadro 3. Porém, com transcrições das interpretações em Libras na segunda versão, encontram-se:

	Conceitos abstratos de CRÍTICO – Segunda versão de TILS/Surdo		
Gps	TILS	Conteúdo do Microtexto	Surdos-LS
A	ESCOLA COMEÇAR ANO COMEÇAR ·INCENTIVAR PROFESSORES IX(professores) INCENTIVAR ALUNO · IX(alunos) PRECISAR REFLETIR · COMO DELE JOVEM · AJUDAR SUJEITO · CONSCIÊNCIA **OPINIÃO** · CONHECER SOCIEDADE COMO GERAL · COMO? · DIRETORIA DIRETOR · ORGANIZAR SEMESTRE(+) · TER GRUPO SÉTIMA SÉRIE GRUPO OITAVA SÉRIE · ENCONTRAR GRUPO INTERAÇÃO TEMA PROBLEMA TODO-DIA TER SOCIEDADE · IX(alunos) **OPINIÃO(+)** ACENAR-MÃO · GRUPO GRUPO GRUPO-MAIOR ENCONTRAR · ALUNO **OPINIÃO** ACENAR-MÃO (+) · ALUNO FALAR O-QUE · IX(alunos) **RECLAMAR** PORQUE · PROFESSOR **RECLAMAR** IX(alunos) ALUNO · COMPORTAMENTO JEITO ESCOLA TODO-DIA · NÃO BOM NÃO · PROFESSOR **RECLAMAR** · PORQUE PROFESSOR PENSAR · JEITO IX(aluno) PORQUE AGORA SOCIEDADE **PROBLEMA** · IX(aluno) ALUNO TOMAR-PRA-SI **PROBLEMA** IGUAL PORQUE PENSAR COMO FUTURO · JOVEM RAPIDAMENTE TRABALHAR COISAS TRABALHAR · DESENVOLVER PRECISAR · TOMAR-PARA-SI IGUAL SOCIEDADE ·	Desde o início do ano letivo, os alunos são incentivados a pensar a respeito de temas e problemáticas inerentes à adolescência. O propósito é o desenvolvimento de um cidadão CRÍTICO e consciente da conjuntura social que o cerca. Nesse ínterim, a direção escolar, organiza semestralmente encontros entre as turmas de 7ª e 8ª séries com o objetivo de abordar tais problemas cotidianos enfrentados costumeiramente pelos adolescentes. Nesses encontros, os alunos manifestam seu pensamento CRÍTICO sobre os temas apresentados. Percebe-se que um dos maiores desafios que os alunos enfrentam diariamente é o olhar CRÍTICO que os pais lançam sobre algumas atitudes comportamentais equívocas na escola; como também o pensamento CRÍTICO que o professor dirige sobre seus alunos em sala de aula. Essas situações são consideradas por alguns alunos como algo extremamente CRÍTICO.	DURANTE ANO ESCOLA IX(escola) · ef(não) · ef(não) IDÉIAS-APAGAR ·

Conceitos abstratos de CRÍTICO – Segunda versão de TILS/Surdo			
Gps	TILS	Conteúdo do Microtexto	Surdos-LS
B	Á COMEÇAR ANO · ALUNOS TER INCENTIVAR · PRECISAR IX(alunos) PENSAR COMO(+) · TEMA PRÓPRIO IDADE JOVEM · FOCALIZAR É DESENVOLVER · ÉTICA COMO **REFLETIR** SOCIEDADE · ENTÃO[...] · POR-ISSO DIRETORIA PRÓPRIO ESCOLA · ORGANIZAR COMO SÉTIMA SÉRIE OITAVA SÉRIE ENCONTRAR REUNIÃO · FOCALIZAR É COMO **REFLETIR** COMO · PROBLEMA PRÓPRIO IDADE JOVEM IX(jovem) TODO-DIA IX(jovem) · IX(reunião) REUNIÃO ALUNO PODER **DESABAFAR**· COMO TEMA MOSTRAR **DESABAFAR** QUERER · MAIORIA ALUNO **RECLAMAR** PROFESSOR SEMPRE PALAVRAS-DURAS · COMO IX(si) EDUCAÇÃO DENTRO ESCOLA · IX(professor) PORQUE IX(professor) PROFESSOR **PENSAR** IX(aluno) EDUCAÇÃO É PORQUE AGORA SOCIEDADE VIDA AGORA MOMENTO **DIFICULDADE** ASSIM-MESMO · IX(professor) PENSAR SOCIEDADE **PENSAR** COMO IX(jovem) JOVEM COMO FUTURO ·	Desde o início do ano letivo, os alunos são incentivados a pensar a respeito de temas e problemáticas inerentes à adolescência. O propósito é o desenvolvimento de um cidadão CRÍTICO e consciente da conjuntura social que o cerca. Nesse ínterim, a direção escolar, organiza semestralmente encontros entre as turmas de 7ª e 8ª séries com o objetivo de abordar tais problemas cotidianos enfrentados costumeiramente pelos adolescentes. Nesses encontros, os alunos manifestam seu pensamento CRÍTICO sobre os temas apresentados. Percebe-se que um dos maiores desafios que os alunos enfrentam diariamente é o olhar CRÍTICO que os pais lançam sobre algumas atitudes comportamentais equívocas na escola; como também o pensamento CRÍTICO que o professor dirige sobre seus alunos em sala de aula. Essas situações são consideradas por alguns alunos como algo extremamente CRÍTICO.	ENTÃO ALUNO PARTICIPAR ESCOLA SALA PORQUE · IX(aluno) É PREOCUPADO FOCALIZAR É CIDADANIA **CONSCIÊNCIA** DIVERSOS · PORQUE OBJETIVO É INCENTIVAR GRUPO FOCALIZAR O QUE É ISSO IX (cidadania) · MAS PROFESSOR PARECER FALTA · TODOS POR ISSO TODOS **RECLAMAR** PROFESSOR ACONTECEU FAZER · PROFESSOR FALAR PARECER FALTA SOCIEDADE NÃO-TER DESENVOLVER · PARECER É **PROBLEMA(+)** · TODO ALUNO QUERER FUTURO ALUNO PARECER **PENSAR** VONTADE FUTURO QUAL MELHOR DELE QUALIDADE ·

Conceitos abstratos de CRÍTICO – Segunda versão de TILS/Surdo

Gps	TILS	Conteúdo do Microtexto	Surdos-LS
C	COMEÇAR AULA ANO · ALUNO(+) INCENTIVAR · PENSAR TEMA PROBLEMA PRÓPRIO TEMA JOVEM · GERAL PROPOSTA · DESENVOLVER PESSOA C-I-D-A-D-Ã-O · PENSAR **PROBLEMA** SOCIEDADE GERAL VER · DIRETORIA DIRETOR ESCOLA · SEMPRE ORGANIZAR SEMESTRE ENCONTRO GRUPO SÉTIMA SÉRIE GRUPO OITAVA SÉRIE · OBJETIVO CERTO PROBLEMA ENUMERAR · VIDA PRÓPRIO ÁREA PROBLEMA VIDA JOVEM · ENCONTRO ENCONTRO **OPINIÃO** · ALUNO TER **OPINIÃO OPINIÃO** TEM-ENUMERAR · MAIORIA ALUNO **RECLAMAR** (++) PORQUE PROFESSOR **PROVOCAR** (ALUNOS) COMPORTAMENTO(+) · DENTRO ESCOLA · COLOCAR ASSUNTO DE LADO · PROFESSOR **OPINIÃO** QUE · COMPORTAMENTO ALUNO ALUNO JOVEM **PROBLEMA PIOR** SOCIEDADE · PORQUE ESPERAR FUTURO JOVEM ·	Desde o início do ano letivo, os alunos são incentivados a pensar a respeito de temas e problemáticas inerentes à adolescência. O propósito é o desenvolvimento de um cidadão CRÍTICO e consciente da conjuntura social que o cerca. Nesse ínterim, a direção escolar, organiza semestralmente encontros entre as turmas de 7ª e 8ª séries com o objetivo de abordar tais problemas cotidianos enfrentados costumeiramente pelos adolescentes. Nesses encontros, os alunos manifestam seu pensamento CRÍTICO sobre os temas apresentados. Percebe-se que um dos maiores desafios que os alunos enfrentam diariamente é o olhar CRÍTICO que os pais lançam sobre algumas atitudes comportamentais equívocas na escola; como também o pensamento CRÍTICO que o professor dirige sobre seus alunos em sala de aula. Essas situações são consideradas por alguns alunos como algo extremamente CRÍTICO.	EMPRESA · É · EMPRESA · IMPORTANTE · JUSTIÇA · GOVERNO · ESPERA · EMPRESA ·PROBLEMA · JUSTIÇA · LEI · REGRAS · PORQUE · NÃO-TER · SOCIAL ef.(pensando· SEPARAR · PORQUE · PROFESSOR · ESTRATÉGICA · ESTRATÉGIA ef.(OF) · IMPORTANTE · EDUCAÇÃO · ESTIMULAR · ENSINAR ef.(duvida) · NÃO · SOCIAL · ef. (BA) PROFESSOR · ESTRATÉGICA ·EDUCACAO ef.(pensando - buscando informações cognitivas) · OBJETIVO enm.(dedo na boca) ef. (pensando) (pausa) · FIM · NÃO · ACEITAR · GOVERNO · SOCIAL · ÁREA · OUTRO-ÁREA · DROGA ef. (BA + pensando) · ESQUECER · CORTAR PULAR enm. segurar as mãos e levantar a cabeça na tentativa de lembrar) · FÁCIL · CONSEGUIR ef.(nervosa) · PROFESSOR · ESTRATÉGIA · EDUCAÇÃO · ÁREA · OUTRO ÁREA · PORQUE ef.(esqueceu) enm. (palmas sobre o rosto) ef.(esquecer)EDUCAÇÃO · APRENDER · FALTAR · ERRADO · SÓ ·

	Conceitos abstratos de CRÍTICO – Segunda versão de TILS/Surdo		
Gps	TILS	Conteúdo do Microtexto	Surdos-LS
D	COMEÇO ANO ESCOLA · ALUNOS INCENTIVAR PENSAR TEMA PROBLEMA PRÓPRIO JOVEM · PORQUE QUERER PESSOA DESENVOLVER TEMA SOCIEDADE · POR ISSO ESCOLA DIREÇÃO FAZER PLANEJAR ENCONTRO SÉTIMA (CM- desconfigurada) SÉRIE OITAVA SÉRIE · OBJETIVO FALAR TEMA PROBLEMA JOVEM TER TODO-DIA · POR ISSO ENCONTRO ALUNO FALAR · PENSAR ef. (SF e OD) IDÉIA TEMA **PROBLEMA** · PERCEBER ALUNO TER TODO-DIA **PROBLEMA** ·PORQUE PAI MÃE ef. (SF) **RECLAMAR** SOBRE · COMPORTAMENTO ERRADO DENTRO ESCOLA · TAMBÉM PROFESSOR TER TODO DIA ef. (SF.OD.BAD) **RECLAMAR** · ALUNO DENTRO ESCOLA · POR ISSO ALGUNS ALUNO ACHO **PROBLEMA** JEITO PAI MAE PROFESSOR ·	Desde o início do ano letivo, os alunos são incentivados a pensar a respeito de temas e problemáticas inerentes à adolescência. O propósito é o desenvolvimento de um cidadão CRÍTICO e consciente da conjuntura social que o cerca. Nesse ínterim, a direção escolar, organiza semestralmente encontros entre as turmas de 7ª e 8ª séries com o objetivo de abordar tais problemas cotidianos enfrentados costumeiramente pelos adolescentes. Nesses encontros, os alunos manifestam seu pensamento CRÍTICO sobre os temas apresentados. Percebe-se que um dos maiores desafios que os alunos enfrentam diariamente é o olhar CRÍTICO que os pais lançam sobre algumas atitudes comportamentais equívocas na escola; como também o pensamento CRÍTICO que o professor dirige sobre seus alunos em sala de aula. Essas situações são consideradas por alguns alunos como algo extremamente CRÍTICO.	ANO COMEÇAR · ESCOLA DENTRO · ENROLAR DESCULPA · COMEÇAR ANO DENTRO ESCOLA · PROFESSOR XXX OBSERVAR ALUNOS DENTRO ESCOLA · MÃE PAI SEMPRE CUIDAR ALUNOS · SI TEM COMPORTAMENTO BOM RUIM SEMPRE **PROBLEMA** · PRECISAR AJUDAR FILHO . MÃE PAI **RECLAMAR** · QUATRO DENTRO DIRETOR SÉTIMA SÉRIE OITAVA SÉRIE ALUNOS SÉTIMA SÉRIE OITAVA SERIE · DIRETOR SEMPRE LER · VER TODOS PROFESSORES COMO TRABALHAR DENTRO ESCOLA · SÓ ·

	Conceitos abstratos de CRÍTICO – Segunda versão de TILS/Surdo		
Gps	TILS	Conteúdo do Microtexto	Surdos-LS
E	COMEÇAR ANO ESCOLA · ALUNO DESENVOLVER PENSAR · TEMA PROBLEMA JOVEM TER · AGORA DESENVOLVER COMPORTAMENTO · C-R-Í-T-I-C-O · TER CASA(+++) · DIRETOR ESCOLA ORGANIZAR · ESCOLA GRUPO(+) · SÉTIMA SÉRIE OITAVA SÉRIE · ALUNO MOSTRAR **PROBLEMA** TER · ESCOLA CASA PAI MÃE TODOS GRUPO(+) · ACONTECER MOSTRAR(+) TEMA(+) DIFERENTE · MAIS DEFENDER CONTRA TER · ALUNO PAI MÃE VER DIFERENTE · enm. ef. (então) REALIDADE · PROFESSOR TAMBÉM VER JOVEM DIFERENTE · IX(escola) LUGAR ESTUDAR · JOVEM ACHAR DIFÍCIL ·	Desde o início do ano letivo, os alunos são incentivados a pensar a respeito de temas e problemáticas inerentes à adolescência. O propósito é o desenvolvimento de um cidadão CRÍTICO e consciente da conjuntura social que o cerca. Nesse ínterim, a direção escolar, organiza semestralmente encontros entre as turmas de 7ª e 8ª séries com o objetivo de abordar tais problemas cotidianos enfrentados costumeiramente pelos adolescentes. Nesses encontros, os alunos manifestam seu pensamento CRÍTICO sobre os temas apresentados. Percebe-se que um dos maiores desafios que os alunos enfrentam diariamente é o olhar CRÍTICO que os pais lançam sobre algumas atitudes comportamentais equívocas na escola; como também o pensamento CRÍTICO que o professor dirige sobre seus alunos em sala de aula. Essas situações são consideradas por alguns alunos como algo extremamente CRÍTICO.	LUGAR(+) · **PROBLEMA** ESCOLA DIREÇÃO · ORGANIZAR ALUNO OITAVA SÉRIE SÉTIMA SÉRIE OITAVA SÉRIE · CASA FORA CASA(+) · TER ALUNO ALUNO · TER ENTRAR ESCOLA · VER PERCEBER ALUNO DIFICULDADE ORGANIZAR PORQUE PRECISAR · SÉTIMA SÉRIE OITAVA SÉRIE PORQUE · MÃE PAI ALUNOS ACREDITAR ESCOLA TER DIFRENTE · PORQUE **DIFICULDADE** XXX · LUTAR CONSEGUIR ESCOLA PRIMEIRO-LUGAR ·

	Conceitos abstratos de CRÍTICO – Segunda versão de TILS/Surdo		
Gps	TILS	Conteúdo do Microtexto	Surdos-LS
F	COMEÇAR ESTUDAR ANO · ALUNOS INCENTIVAR PENSAR O-QUE TEMA PRÓPRIO ÁREA JOVEM · PROPOSTA OBJETIVO É JOVEM DESENVOLVER TER **CRÍTICO+RECLAMAR** MENTE PRÓPRIO SOCIEDADE EM-PÉ · QUE ÁREA DIREÇÃO ESCOLA ORGANIZAR GRUPO SÉTIMA SÉRIE OITVAVA SÉRIE · OBJETIVO QUE CONVERSAR QUE PROBLEMA NORMAL TODO-DIA ALUNO JOVEM · GRUPO REUNIÃO ALUNO MOSTRAR · **OPINIÃO CRÍTICO** ef. (SF) TEMA PRÓPRIO ef. (OE) · PERCEBER +ef. (DO) PROBLEMA DESAFIO ALUNO TODO-DIA · É COMO PAI MÁE OLHAR ef.(OB) PRÓPRIO ESCOLA COMPORTAMENTO FALTA · TAMBÉM TODO DIA **OPINIÃO** PROFESSOR IX ef.(OB) ALUNO PRÓPRIO IX ef.(OB) DENTRO SALA DE AULA · IX ef. (OE) ACONTECER É ALGUNS ALUNOS · PENSAR PRÓPRIO ef.(OB) **OPINIAO CRITICAR** ·	Desde o início do ano letivo, os alunos são incentivados a pensar a respeito de temas e problemáticas inerentes à adolescência. O propósito é o desenvolvimento de um cidadão CRÍTICO e consciente da conjuntura social que o cerca. Nesse ínterim, a direção escolar, organiza semestralmente encontros entre as turmas de 7ª e 8ª séries com o objetivo de abordar tais problemas cotidianos enfrentados costumeiramente pelos adolescentes. Nesses encontros, os alunos manifestam seu pensamento CRÍTICO sobre os temas apresentados. Percebe-se que um dos maiores desafios que os alunos enfrentam diariamente é o olhar CRÍTICO que os pais lançam sobre algumas atitudes comportamentais equívocas na escola; como também o pensamento CRÍTICO que o professor dirige sobre seus alunos em sala de aula. Essas situações são consideradas por alguns alunos como algo extremamente CRÍTICO.	OK COMEÇAR(+) · DIFERENTES ESCOLA PARTICULAR DIFERENTES · LIVRE ESCOLHER REGRA LIVRE · ALUNOS OUTRO[....] · TAMBÉM PREOCUPAR DENTRO FAMÍLIA GERAL · DIFERENTE CULTURA COMUNIDADE SOCIEDADE · ALUNOS IR JUSTIÇA LEI LIVRE · ESCOLA PODER ALUNOS FAZER LIVRE · PRIMEIRA-VEZ FAZER PRIMEIRA-VEZ LIVRE CONSEGUIR SÓ ·

Quadro 4 – Segunda versão de transcrições das interpretações para Libras nas trilhas de anotações – conceitos abstratos de CRÍTICO

Fonte: Elaborado pela Autora

Nos dados coletados para o experimento da pesquisa, identifica-se que tanto para primeira versão, sintetizada no Quadro 3, quanto para a segunda versão, sintetizada no Quadro 4, os TILS's e os Surdos categorizam cognitivamente suas escolhas de lexemas manuais, conforme a interpretação/tradução do microtexto.

Os Surdos, retomando as condições de *background* da interpretação simultânea feita em Libras pelos TILS's, iniciam a exploração das categorizações, a fim de estabelecer um significado e estruturar suas relações conceptuais na tentativa de traduzir sua compreensão da interpretação simultânea realizada pelo TILS.

Os cinco conceitos abstratos atribuídos ao item lexical 'crítico', do microtexto, não encontraram, por via de regra, correspondências de equivalência (semelhança) formal significativa para interpretação. No Quadro 5 apresentam-se as escolhas realizadas pelos grupos de TILS's e dos Surdos, bem como, a interpretação de LP-Libras, e dos Surdos a tradução de Libras-LP na modalidade escrita.

3.1.3 Ocorrências de Lexemas Manuais para os Conceitos Abstratos de CRÍTICO

Verifica-se que no Quadro 5, se acrescenta uma quinta coluna com as traduções dos Surdos de Libras para Língua Portuguesa (LP) na modalidade escrita. Com isso, ao reunir os cinco conceitos abstratos para CRÍTICO e ao separá-los por representações numéricas (subscritos - 1, 2, 3, 4 e 5), nota-se que surge uma grande lista das ocorrências de escolhas lexicais para o sentido do item lexical 'crítico'.

Ocorrências polissêmicas para CRÍTICO Primeira versão				
G r u p o s	Ocorrências de lexemas manuais interpretados em Libras TILS	Conceitos abstratos	Ocorrências de lexemas manuais interpretados em Libras Surdos/LS	Ocorrências de lexemas traduzidos na modalidade escrita do português Surdos/LP (escrito)
A	"opinião" "opinião" "opinião" "reclamar" "reclamar ix(si)" "reclamar ef(que isso?)" "problema" não explicitado	$CRÍTICO_1$ $CRÍTICO_2$ $CRÍTICO_3$ $CRÍTICO_4$ $CRÍTICO_5$	não explicitado não explicitado não explicitado não explicitado não explicitado	não explicitado não explicitado não explicitado não explicitado não explicitado
B	"consciência" "explicar" "desabafar" "reclamar" não explicitado não explicitado	$CRÍTICO_1$ $CRÍTICO_2$ $CRÍTICO_3$ $CRÍTICO_4$ $CRÍTICO_5$	"consciência" "consciência" não explicitado não explicitado não explicitado	não explicitado não explicitado "reclamam" "pensam" não explicitado
C	não explicitado "opinião" "opinião" "reclamar" "provocar" "problema" "analisar"	$CRÍTICO_1$ $CRÍTICO_2$ $CRÍTICO_3$ $CRÍTICO_4$ $CRÍTICO_5$	não explicitado não explicitado "provocar (+++)" não explicitado não explicitado	não explicitado não explicitado "reclamam" não explicitado não explicitado
D	"cidadão+pensar" ef. (concordância com o enunciado) "enm. (sf) opinião" "provocar" "provocar" "reclamar" "reclamar" "ruim"	$CRÍTICO_1$ $CRÍTICO_2$ $CRÍTICO_3$ $CRÍTICO_4$ $CRÍTICO_5$	não explicitado não explicitado não explicitado "problema" "provocar (ix alunos) ef(incomodados)"	não explicitado não explicitado "reclamam" "observam" não explicitado "incômodo"
E	não explicitado não explicitado não explicitado não explicitado não explicitado	$CRÍTICO_1$ $CRÍTICO_2$ $CRÍTICO_3$ $CRÍTICO_4$ $CRÍTICO_5$	não explicitado não explicitado não explicitado não explicitado não explicitado	não explicitado não explicitado não explicitado "problema" "problema"
F	"crítico+reclamar*" não explicitado "crítico+reclamar" "crítico+reclamar" "crítico+reclamar" "< c-r-i-t-i-c-o >"	$CRÍTICO_1$ $CRÍTICO_2$ $CRÍTICO_3$ $CRÍTICO_4$ $CRÍTICO_5$	não explicitado não explicitado "problema" "acusar" "problema(+)" não explicitado	não explicitado não explicitado não explicitado não explicitado não explicitado "pior" "ruim"
A	"opinião" "opinião(+)" "opinião" "reclamar" "reclamar" "reclamar" "problema" "problema"	$CRÍTICO_1$ $CRÍTICO_2$ $CRÍTICO_3$ $CRÍTICO_4$ $CRÍTICO_5$	não explicitado não explicitado não explicitado não explicitado não explicitado	não explicitado não explicitado não explicitado não explicitado não explicitado

Grupos	Ocorrências polissêmicas para CRÍTICO Segunda versão			
	Ocorrências de lexemas manuais interpretados em Libras TILS	Conceitos abstratos	Ocorrências de lexemas manuais interpretados em Libras Surdos/LS	Ocorrências de lexemas traduzidos na modalidade escrita do português Surdos/LP (escrito)
B	"refletir" "refletir" "desabafar" "desabafar" "reclamar" "pensar" "dificuldade" "pensar"	CRÍTICO$_1$ CRÍTICO$_2$ CRÍTICO$_3$ CRÍTICO$_4$ CRÍTICO$_5$	"consciência" não explicitado "reclamar" "problema(+++)" "pensar"	não explicitado não explicitado não explicitado não explicitado não explicitado
C	"problema" "opinião" "opinião" "opinião" "reclamar (++)" "provocar" "opinião" "problema" "pior"	CRÍTICO$_1$ CRÍTICO$_2$ CRÍTICO$_3$ CRÍTICO$_4$ CRÍTICO$_5$	não explicitado não explicitado não explicitado não explicitado não explicitado	não explicitado não explicitado não explicitado não explicitado não explicitado
D	não explicitado não explicitado "problema" "problema" "reclamar" "reclamar" "problema"	CRÍTICO$_1$ CRÍTICO$_2$ CRÍTICO$_3$ CRÍTICO$_4$ CRÍTICO$_5$	não explicitado não explicitado não explicitado "problema" "reclamar"	não explicitado "problemas" não explicitado "reclamam o problema" "chateados e incomodado"
E	"<c-r-í-t-i-c-o>" "problema" não explicitado não explicitado não explicitado	CRÍTICO$_1$ CRÍTICO$_2$ CRÍTICO$_3$ CRÍTICO$_4$ CRÍTICO$_5$	"problema" "problema" não explicitado "dificuldade" não explicitado	"problema" "crítico" não explicitado "crítico" "ruim" "ruim"
F	"crítico+reclamar" "opinião" "reclamar ef. (sf)" "opinião" "reclamar" não explicitado "opinião" "reclamar"	CRÍTICO$_1$ CRÍTICO$_2$ CRÍTICO$_3$ CRÍTICO$_4$ CRÍTICO$_5$	não explicitado "reclamar" "reclamar" não explicitado não explicitado	não explicitado não explicitado não explicitado não explicitado não explicitado

Quadro 5 – Ocorrências polissêmicas correspondentes aos conceitos abstratos de CRÍTICO na primeira e segunda versão do TILS/Surdo-LS/Surdo-LP(escrito)

Fonte: Elaborado pela Autora

De acordo com o Quadro 5, verifica-se que todas as escolhas manifestadas pelos TILS's são traduções e interpretações dos conceitos abstratos para CRÍTICO. Na tradução realizada na modalidade escrita da LP, na coluna 4 do Quadro 5, não recorrem aos lexemas na ao nível semântico e pragmático para a expressão linguística na interpretação simultânea do microtexto, tal como realizado pelo TILS.

No Quadro 5, se evidenciam as diferentes construções lexemáticas em uma mesma estrutura sintática, associadas a vários sentidos relacionados. Essas escolhas de tradução pelos Surdos, a partir da interpretação simultânea do microtexto de cada TILS, são registradas em cada momento da Tradução e interpretação (primeira e segunda versão).

3.1.4 Análise Comparativa das Ocorrências Lexemáticas na Primeira e Segunda Versão de Interpretação e Tradução do TILS/Surdo-LS/ Surdo-LP(Escrito)

Continuando as análises, verifica-se, no Quadro 6, a primeira e segunda versão da interpretação em Libras dos TILS's e Surdos, e a tradução para LP na modalidade escrita pelo Surdo. Nessa sequência analisam-se as ocorrências lexemáticas para os conceitos abstratos de CRÍTICO.

---

* As ocorrências lexemáticas do Quadro 5, do Grupo F, da primeira versão: "crítico ou reclamar" foram utilizadas pelo TILS durante o ato interpretativo. Entende-se que o TILS buscou a escolha que mais se aproxima da compreensão para realizar a interpretação simultânea. Essa percepção se deu por que o TILS oralizou o lexema 'crítico' e, ao mesmo tempo, sinalizou a construção do sinal manual de 'reclamar'. Com isso, foi necessário realizar a opção do item lexical 'reclamar' para o registro nas análises das ocorrências lexemáticas.

PRIMEIRA VERSÃO DAS OCORRÊNCIAS LEXEMÁTICAS														
ANOTAÇÕES DE LEXEMAS MANUAIS - INTERPRETAÇÃO E TRADUÇÃO DE LIBRAS/PORTUGUÊS														
	CRÍTICO₁ "refletir"/"pensar"			CRÍTICO₂ "opinião"			CRÍTICO₃ "observar"/"avaliar"/"reclamar"				CRÍTICO₄ "opinião"				CRÍTICO₅ "chato"/"ruim"/"incomodar"			
GRUPOS	TILS's	Surdos LS	Surdos LP³⁹	TILS's	Surdos LS	Surdos LP	TILS's	Surdos LS	Surdos LP		TILS's	Surdos LS	Surdos LP	TILS's	Surdos LS	Surdos LP
A	"opinião"	não explicitado	não explicitado	"opinião" "opinião"	"consciência" "consciência"	não explicitado	"reclamar" "reclamar" ix(sj)" "reclamar ef (que isso?)"	não explicitado	não explicitado		"problema"	não explicitado	não explicitado	não explicitado	não explicitado	não explicitado
B	"consciência"	não explicitado	não explicitado	"explicar" "desabafar"	não explicitado	não explicitado	"reclamar"	não explicitado	"reclamam"		não explicitado	não explicitado	"pensam"	"analisar"	não explicitado	não explicitado
C	não explicitado	não explicitado	não explicitado	"opinião" "opinião"	não explicitado	não explicitado	"reclamar" "provocar" (+++)"	"provocar (+++)"	"reclamam"		"problema"	não explicitado	não explicitado	não explicitado	não explicitado	não explicitado
D	"cidadão+ pensar" *	não explicitado	não explicitado	"falar+enm. (sf) opinião"	não explicitado	não explicitado	"provocar"	não explicitado	"reclamam" "observam"		"provocar reclamar"	"problema"	não explicitado	"reclamar + ruim" (ix alunos)	"provoca" "incomodo"	não explicitado
E	não explicitado	não explicitado	não explicitado	não explicitado	não explicitado	não explicitado	não explicitado	não explicitado	não explicitado		não explicitado	não explicitado	"problema"	não explicitado	não explicitado	"problema"
F	"crítico + reclamar¹"	não explicitado	não explicitado	não explicitado	não explicitado	não explicitado	"crítico+ reclamar*²"	"criticar"	não explicitado		"crítico+ recla-mar*³"	"acusar" "problema (+)"	não explicitado	"crítico+ reclamar ***⁴	não explicitado	"pior +ruim"

*1-2-3-4 o TILS oraliza o item lexical 'crítico' ("<c-r-i-t-i-c-o>") e simultaneamente sinaliza o lexema manual 'reclamar'.

* ef. (concordância com o enunciado)

Quadro 6 – Primeira versão da interpretação e tradução de Libras/Português dos conceitos abstratos de CRÍTICO: comparação analítica entre TILS/Surdo-LS/Surdo-LP (escrito)

Fonte: Elaborado pela Autora61

---

61 Transcrição das glosas conforme as anotações registradas pelos Surdos na tradução da modalidade escrita da LP.

No Quadro 6, apresenta-se uma primeira versão de cada tradução e interpretação de Libras realizadas para conceitos abstratos relacionadas ao item lexical 'crítico'. Neste quadro, realiza-se uma comparação entre as escolhas de lexemas dos TILS's durante o ato interpretativo e, em sequência, as produções gestuais dos Surdos das traduções em Libras da modalidade escrita da língua portuguesa.

Com base nos resultados do Quadro 6, verifica-se que os atributos associados à categorização das escolhas de lexemas manuais refletem as estruturas de conhecimento armazenadas na memória como um papel decisivo na construção do significado, ou seja, quando o TILS não conhece o conteúdo do microtexto suas escolhas para CRÍTICO$_1$ se basearam nas seguintes construções lexemáticas:

- **Grupo [A]** – o TILS sinaliza o lexema manual 'opinião', e o Surdo não explicita nenhuma ocorrência lexemática na interpretação em Libras e para a tradução do português na modalidade escrita;

- **Grupo [B]** – o TILS sinaliza o lexema manual 'consciência', e o Surdo não explicita nenhuma ocorrência lexemática na interpretação em Libras e para a tradução do português na modalidade escrita;

- **Grupo [C]** – o TILS e o Surdo não explicitam nenhuma ocorrência lexemática na interpretação em Libras e para a tradução do português na modalidade escrita;

- **Grupo [D]** – o TILS sinaliza a construção lexemática manual 'cidadão+pensar' (com concordância a sintaxe anterior), e o Surdo não explicita nenhuma ocorrência lexemática na interpretação em Libras e para a tradução do português na modalidade escrita;

- **Grupo [E]** – o TILS e o Surdo não explicitam nenhuma ocorrência lexemática na interpretação em Libras e para a tradução do português na modalidade escrita;

- **Grupo [F]** – o TILS sinaliza a construção lexemática manual 'crítico+reclamar' (opta-se pelo lexema manual 'reclamar', pois o TILS, ao sinalizar escolhe o lexema manual 'reclamar', enquanto que, ao mesmo tempo, oraliza o lexema 'crítico'), porém o Surdo não explicita nenhuma ocorrência lexemática na interpretação em Libras e para a tradução do português na modalidade escrita.

Diante dessas escolhas apresentadas no Quadro 6, analisa-se o primeiro trecho do microtexto:

(1) "Desde o início do ano letivo, os alunos são incentivados a pensar a respeito de temas e problemáticas inerentes à adolescência. O propósito é o desenvolvimento de um cidadão CRÍTICO$_1$ e consciente da conjuntura social que o cerca."

Para CRÍTICO$_1$, conforme (1.1), os TILS's podem realizar atos tradutórios que implicam lidar com ocorrências de itens polissêmicos:

(1.1) "[Começar ano aula, alunos incentivar pensar sempre+coisas assuntos problemas próprio adolescentes. É foco desenvolver cidadão REFLETIR/PENSAR consciência ter coisas social vida.]"

Compreende-se que os adjetivos manifestam o propósito de que "o cidadão deve desenvolver-se no sentido de refletir e/ou pensar sobre alguma coisa", ou seja, "refletir antes de decidir nas situações sociais".

O TILS do grupo [D] realiza escolhas mais próximas do sentido do item lexical CRÍTICO$_1$. Entretanto, o Surdo não explicita nenhuma ocorrência lexemática na interpretação em Libras e para tradução do português na modalidade escrita, conforme consta no Quadro 6.

Tendo concluído o processo desta primeira versão, verifica-se que na interpretação e tradução do conceito abstrato CRÍTICO$_2$, as ocorrências de itens lexicais escolhidas pelos os TILS's e consequentemente, pelos Surdos envolvidos no experimento, expressam os seguintes sentidos nas construções de lexemas manuais e escritos:

- **Grupo [A]** – o TILS sinaliza o lexema manual 'opinião', e o Surdo sinaliza o lexema manual 'consciência' na interpretação em Libras e para a tradução do português na modalidade escrita, não registra ocorrência lexemática;

- **Grupo [B]** – o TILS sinaliza os lexemas manuais 'explicar' e 'desabafar', e o Surdo não explicita nenhuma ocorrência lexemática na interpretação em Libras e para a tradução do português na modalidade escrita;

- **Grupo [C]** – o TILS sinaliza o lexema manual 'opinião', e o Surdo não explicita nenhuma ocorrência lexemática na interpretação em Libras e para a tradução do português na modalidade escrita;

- **Grupo [D]** – o TILS sinaliza a construção de lexemática manual 'falar+opinião', e o Surdo não explicita nenhuma ocorrência lexemática na interpretação em Libras e para a tradução do português na modalidade escrita;
- **Grupo [E]** - o TILS e o Surdo não explicitam nenhuma ocorrência lexemática na interpretação em Libras e para a tradução do português na modalidade escrita;
- **Grupo [F]** – o TILS e o Surdo não explicitam nenhuma ocorrência lexemática na interpretação em Libras e para a tradução do português na modalidade escrita.

Diante dessas escolhas apresentadas no Quadro 6, analisa-se o segundo trecho do microtexto:

(2) **"Nesse ínterim, a direção escolar, organiza semestralmente encontros entre as turmas de 7ª e 8ª séries com o objetivo de abordar tais problemas cotidianos enfrentados costumeiramente pelos adolescentes. Nesses encontros, os alunos manifestam seu pensamento CRÍTICO$_2$ sobre os temas apresentados."**

Para CRÍTICO$_2$, conforme (2.1), os TILS's podem realizar atos tradutórios que implicam lidar com ocorrências de itens polissêmicos:

(2.1) **"[IX (indexicar no foco do cidadão)+foco é direção escola, organizar sempre semestre reuniões junto grupo de 7ª e 8ª+série e objetivo assunto mostrar ou apresentar problemas ter vida adolescentes+ diversos. IX (indexicar reuniões – encontros)+reunião, alunos geral falar+expor(ef.+)+pensar tudo OPINIÃO ter assuntos adolescente]".**

Compreende-se que o adjetivo manifesta o propósito dos "alunos contribuírem com opiniões", ou seja, "pensam, deliberam pareceres, conceitos, juízo, reputações e entre outras ideias sobre alguma coisa ou pessoa". Dessa maneira, os TILS's escolheram seus lexemas de acordo com suas categorias polissêmicas para o conceito abstrato de CRÍTICO$_2$. Porém, na coluna dos TILS's, nas linhas dos grupos [A], [C] e [D], se observa as escolhas com ocorrências de lexemas manuais que correspondem ao sentido mais adequado nas interpretações em Libras. Porém, para esse item lexical, os Surdos não registram nenhuma ocorrência de lexema manual durante a interpretação, ocorrendo o mesmo na tradução do português na modalidade escrita.

Partindo para o conceito abstrato CRÍTICO$_3$ do microtexto, analisa-se que as interpretações e traduções que ocorrem com sentidos distintos, as quais recebem, em cada grupo, as seguintes construções de lexemas manuais e escritos:

- **Grupo [A]** – o TILS sinaliza o lexema manual 'reclamar', e o Surdo não explicita nenhuma ocorrência lexemática na interpretação em Libras e para a tradução do português na modalidade escrita;

- **Grupo [B]** – o TILS sinaliza o lexema manual 'reclamar', e o Surdo não sinaliza lexema manual na interpretação em Libras o lexema manual. Porém, para a tradução na modalidade escrita do português, ocorre um registro de construção lexemática: 'reclamaram';

- **Grupo [C]** – o TILS sinaliza os lexemas manuais 'reclamar' e 'provocar', e o Surdo sinaliza o lexema manual 'provocar' na interpretação em Libras. Porém, para a tradução na modalidade escrita do português, ocorre um registro de construção lexemática: 'reclamaram';

- **Grupo [D]** – o TILS sinaliza o lexema manual 'provocar' e o Surdo não sinaliza o lexema manual na interpretação em Libras. Porém, para a tradução na modalidade escrita do português, ocorrem dois registros de construções lexemáticas: 'reclamam' e 'observam';

- **Grupo [E]** – o TILS e o Surdo não explicitam nenhuma ocorrência lexemática na interpretação em Libras e para a tradução do português na modalidade escrita;

- **Grupo [F]** – o TILS sinaliza a construção manual 'reclamar' e o Surdo sinaliza a construção manual 'reclamar' na interpretação em Libras. Porém, para a tradução na modalidade escrita do português, não ocorrem registros de construções lexemáticas.

Diante dessas escolhas apresentadas no Quadro 6, analisa-se o terceiro trecho do microtexto:

(3) "Percebe-se que um dos maiores desafios que os alunos enfrentam diariamente é o olhar CRÍTICO$_3$ que os pais lançam sobre algumas atitudes comportamentais equívocas na escola;[...]"

Para CRÍTICO$_3$, conforme (3.1), os TILS's podem realizar atos tradutórios que implicam lidar com ocorrências de itens polissêmicos:

(3.1) "[[...] perceber que forte desafios+diversos é alunos sempre diariamente ter pais OBSERVAR/AVALIAR/RECLAMAR direção atitudes comportamentos errados alunos fazer escola]".

Compreende-se que os adjetivos se manifestam com o propósito dos "alunos se depararem com observações intensas, avaliações severas e reclamações constantes dos pais", ou seja, sentem-se "observados, avaliados, advertidos a cada comportamento diferente no contexto escolar". Desta maneira, os TILS's escolheram seus lexemas manuais de acordo com suas categorias lexemáticas para as construções correspondentes ao item polissêmico do conceito abstrato CRÍTICO$_3$. Os TILS's não registraram nenhuma ocorrência lexical, porém o Surdo do grupo [D] registra os lexemas manuais 'reclamaram' e 'observaram' para tradução na modalidade escrita do português.

Partindo para o conceito abstrato CRÍTICO$_4$ do microtexto, se analisam as interpretações e traduções que ocorrem com sentidos distintos, as quais recebem, em cada grupo, as seguintes construções de lexemas manuais e escritos:

- **Grupo [A]** – o TILS sinaliza o lexema manual 'problema', e o Surdo não explicita nenhuma ocorrência lexemática na interpretação em Libras e para a tradução do português na modalidade escrita;
- **Grupo [B]** – o TILS e o Surdo não explicitam nenhuma ocorrência lexemática na interpretação em Libras. Porém, para a tradução na modalidade escrita do português, ocorre um registro de construção lexemática: 'pensam';
- **Grupo [C]** – o TILS sinaliza o lexema manual 'problema', e o Surdo não explicita nenhuma ocorrência lexemática na interpretação em Libras e para a tradução do português na modalidade escrita;

- **Grupo [D]** – o TILS sinaliza os lexemas manuais 'provocar' e 'reclamar', e o Surdo sinaliza o lexema manual 'problema' na interpretação em Libras. Porém, para tradução na modalidade escrita do português, não ocorre registro de construção lexemática;

- **Grupo [E]** – o TILS e o Surdo não explicitam nenhuma ocorrência lexemática na interpretação em Libras e para a tradução do português na modalidade escrita;

- **Grupo [F]** – o TILS sinaliza o lexema manual 'reclamar', e o Surdo sinaliza os lexemas manuais 'acusar' e 'problema' na interpretação em Libras. Porém, para a tradução na modalidade escrita do português, não ocorre registro de construção lexemática.

Diante dessas escolhas apresentadas no Quadro 6, analisa-se o quarto trecho do microtexto:

(4) "[...] como também o pensamento CRÍTICO$_4$ que o professor dirige sobre seus alunos em sala de aula [...]"

Para CRÍTICO$_4$, conforme (4.1), os TILS's podem realizar atos tradutórios que implicam lidar com ocorrências de itens polissêmicos, como:

(4.1) "[[...]também ter OPINIÃO que professor falar/dizer direto seus alunos sala de aula.]".

Compreende-se que o adjetivo utilizado expressa a ideia da "ação do professor de emitir a opinião sobre os alunos em sala de aula", ou seja, "o professor manifesta o seu modo de ver, pensar, deliberar, parecer, conceito, juízo, reputação, ideia". Dessa maneira, os TILS's escolheram seus lexemas manuais de acordo com suas categorias lexemáticas para as construções correspondentes ao item polissêmico do conceito abstrato CRÍTICO$_4$. Finalmente, encerram-se as análises da primeira versão com o conceito abstrato CRÍTICO$_5$, extraído do microtexto, conforme as interpretações e traduções que ocorreram em cada grupo:

Grupo [A] – o TILS e o Surdo não explicitam nenhuma ocorrência lexemática na interpretação em Libras e para a tradução do português na modalidade escrita;

- **Grupo [B]** – o TILS e o Surdo não explicitam nenhuma ocorrência lexemática na interpretação em Libras e para a tradução do português na modalidade escrita;

- **Grupo [C]** – o TILS sinaliza o lexema manual 'analisar', e o Surdo não explicita nenhuma ocorrência lexemática na interpretação em Libras e para a tradução do português na modalidade escrita;

- **Grupo [D]** – o TILS sinaliza a construção lexemática manual 'ruim+reclamar', o Surdo sinaliza os lexemas manuais 'provocar[+ef.]' e 'incomodado' na interpretação em Libras. Porém, para a tradução na modalidade escrita do português, ocorre registro de construção lexemática: 'incômodo';

- **Grupo [E]** – o TILS e o Surdo não explicitam nenhuma ocorrência lexemática na interpretação em Libras. Porém, para a tradução na modalidade escrita do português ocorre, um registro de construção lexemática: 'problema';

- **Grupo [F]** – o TILS sinaliza o lexema manual 'reclamar' e também, a construção lexemática manual '<c-r-í-t-i-c-o>' (faz-se uso do empréstimo linguístico da LP, ou seja, sinaliza a construção lexemática, com o alfabeto manual de Libras). Porém, o Surdo não sinaliza o lexema manual na interpretação em Libras; mas para a tradução na modalidade escrita do português, ocorrem dois registros de construções lexemáticas: 'pior' e 'ruim'.

Diante dessas escolhas apresentadas no Quadro 6, analisa-se o quinto trecho do microtexto:

(5) "Essas situações são consideradas por alguns alunos como algo extremamente CRÍTICO$_5$"

Para CRÍTICO[5], conforme (5.1), os TILS's podem realizar atos tradutórios que implicam lidar com ocorrências de itens polissêmicos, tais como:

(5.1) "[[IX (observar e opinião próprio pais = pai e mãe = e professores)] achar alguns alunos CHATO/RUIM/INCOMODAR.]"

Compreende-se que os adjetivos manifestam o propósito de uma situação que "coloca os alunos em uma situação de incômodo", ou seja, "algo que causa mal-estar, inquietação, importunação, que causa dificuldades, embaraços, estorvos" e entre outros itens polissêmicos. Dessa maneira, os TILS's escolheram seus lexemas manuais de acordo com suas categorias lexemáticas para as construções correspondentes ao item polissêmico do conceito abstrato CRÍTICO$_5$.

Para a coluna dos TILS's, nas linhas do grupo [D], se observa as escolhas com ocorrências de lexemas manuais. Os Surdos não registram nenhuma ocorrência lexical na interpretação em Libras. Porém, se observam os lexemas 'incomodado' e 'ruim+pior' para a tradução na modalidade escrita do português dos Surdos dos grupos [D] e [F].

Os TILS's e os Surdos manifestaram suas escolhas lexicais de acordo com seus conhecimentos empíricos e experiências em relação às escolhas de lexemas, buscando equivalências (semelhanças) funcionais.

Na sequência, analisa-se o Quadro 7, relativo às escolhas lexemáticas dos TILS's e dos Surdos no processo de interpretação e tradução em Libras/Português.

SEGUNDA VERSÃO DAS OCORRÊNCIAS LEXEMÁTICAS
ANOTAÇÕES DE LEXEMAS MANUAIS - INTERPRETAÇÃO E TRADUÇÃO DE LIBRAS/PORTUGUÊS

GRUPOS	CRÍTICO₁ "refletir"/"pensar"			CRÍTICO₂ "opinião"			CRÍTICO₃ "observar"/"avaliar"/ "reclamar"			CRÍTICO₄ "opinião"			CRÍTICO₅ "chato"/"ruim"/"incomodar"		
	TILS's	Surdos LS	Surdos LP	TILS's	Surdos LS	Surdos LP	TILS's	Surdos LS	Surdos LP	TILS's	Surdos LS	Surdos LP	TILS's	Surdos LS	Surdos LP
A	"opinião"	não explicitado	não explicitado	"opinião (+)"	não explicitado	não explicitado	"opinião" "reclamar" "reclamar"	não explicitado	não explicitado	"reclamar"	não explicitado	não explicitado	"problema" "problema"	não explicitado	não explicitado
B	"refletir" "refletir"	"consciência"	não explicitado	"desabafar" "desabafar" "reclamar"	não explicitado	não explicitado	"pensar"	"reclamar"	não explicitado	"dificuldade"	"problema (+++)"	não explicitado	"pensar"	"pensar"	não explicitado
C	"problema"	não explicitado	não explicitado	"opinião" "opinião" "opinião"	não explicitado	não explicitado	"reclamar (++)" "provocar"	não explicitado	não explicitado	"opinião"	não explicitado	não explicitado	"problema" "pior"	não explicitado	não explicitado
D	não explicitado	não explicitado	não explicitado	não explicitado	não explicitado	"problema"	"problema" "problema"	não explicitado	"reclamar o problema" "chateados e incomodado"	"reclamar" "reclamar"	"problema"	não explicitado	"problema" "recla-mar"	"recla-mar"	não explicitado
E	"c-r-i-ti-c-o>"	não explicitado	não explicitado	"problema"	não explicitado	"crítico"	não explicitado	não explicitado	não explicitado	não explicitado	"problema"	"crítico" "ruim"	não explicitado	não explicitado	"ruim"
F	"crítico+ recla-mar***"	não explicitado	não explicitado	"opinião" "crítico+ reclamar***" ef. (sf)"	não explicitado	não explicitado	"opinião" "crítico + reclamar***"	não explicitado	não explicitado	não explicitado	não explicitado	não explicitado	"opinião" "crítico + recla-mar***"	não explicitado	não explicitado

*1 – 2 – 3 – 4 O TILS oraliza o item lexical 'crítico' e simultaneamente sinaliza o lexema manual de 'reclamar'.

Quadro 7 – Segunda versão da interpretação e tradução de Libras/Português dos conceitos abstratos para CRÍTICO: comparação analítica entre TILS/Surdo-LS/Surdo-LP (escrito)

Fonte: Elaborado pela Autora

Feitas as análises dos conceitos abstratos para CRÍTICO, se apresenta o Quadro 7, que sintetiza os dados na segunda versão interpretada e traduzida por TILS's e Surdos em Libras e para a tradução na modalidade escrita do português.

Comparando os Quadros 6 e 7, nota-se a existência de lexemas manuais e escritos com variedade de expressões para os conceitos abstratos de CRÍTICO. Também se observa que ao oportunizar os TILS's de realizarem a leitura do microtexto, na modalidade escrita da LP surgem novas escolhas lexicais. O significado das palavras está subordinado aos *frames* mentais dos TILS's.

Dessa maneira, a interpretação de um conceito abstrato requer acesso das estruturas de conhecimentos, que se relacionam com elementos e entidades associados a situações da experiência humana (considerando as bases físicas e culturais dos processos cognitivos).

É possível comparar os resultados do Quadro 6, na primeira versão, com o Quadro 7, na segunda versão. Apresentando a seguir as análises das construções lexemáticas que foram registradas em análises comparativas nas duas versões.

(a) Análise comparativa – CRÍTICO$_1$

Os conceitos abstratos para CRÍTICO$_1$ conduz aos TILS's e Surdos construírem diferentes escolhas durante o processo de interpretação e tradução de Libras/português. Essas construções de lexemas manuais e escritos são:

- **Grupo [A]** – o TILS sinaliza o lexema manual 'opinião', e o Surdo não explicita nenhuma ocorrência lexemática na interpretação em Libras e para a tradução do português na modalidade escrita;

- **Grupo [B]** – o TILS sinaliza o lexema manual 'refletir', e o Surdo sinaliza o lexema manual 'consciência' na interpretação em Libras, mas, para a tradução na modalidade escrita do português, não ocorre nenhum registro de construção lexemática;

- **Grupo [C]** – o TILS sinaliza o lexema manual 'problema', e o Surdo não explicita nenhuma ocorrência lexemática na interpretação em Libras e para a tradução do português na modalidade escrita;

- **Grupo [D]** – o TILS e o Surdo não explicitam nenhuma ocorrência lexemática na interpretação em Libras e para a tradução do português na modalidade escrita;

- **Grupo [E]** – o TILS sinaliza a construção lexemática manual '<c-r-í-t-i-c-o>' (faz uso do empréstimo linguístico da LP, ou seja, sinaliza a construção lexemática, com o alfabeto manual de Libras), e o Surdo não explicita nenhuma ocorrência lexemática na interpretação em Libras. Porém, para a tradução na modalidade escrita do português, ocorre um registro de construção lexemática: 'problema';

- **Grupo [F]** – o TILS sinaliza a construção lexemática manual 'crítico+reclamar' (opta-se pelo lexema manual 'reclamar', pois o TILS, ao sinalizar escolhe o lexema manual 'reclamar', enquanto que, ao mesmo tempo, oraliza o lexema 'crítico'). Porém, o Surdo não explicita nenhuma ocorrência lexemática na interpretação em Libras e para a tradução do português na modalidade escrita.

Neste momento, se apresenta as ocorrências de escolhas manifestadas pelos TILS's e Surdos, na segunda versão, como também as observações encontradas na primeira versão das interpretações em Libras e traduções na modalidade escrita do português.

Nesta análise, procura-se levantar as ocorrências polissêmicas relativas às escolhas lexicais para os conceitos abstratos de CRÍTICO$_1$ manifestadas entre os TILS's e Surdos dos grupos [A], [B], [C], [D] e [F]. Os registros dessas ocorrências, para os itens lexicais do conceito abstrato CRÍTICO, são escolhas de lexemas manuais e escritas.

Nesse primeiro momento as análises observadas são do TILS e Surdo do grupo [A], iniciando-se com as análises na segunda versão e, na sequência, o resgate dos dados obtidos na primeira versão.

Para o TILS e Surdos do grupo [A], observa-se:

- **Grupo [A] – segunda versão:** o TILS sinaliza o lexema manual 'opinião', e o Surdo não explicita nenhuma ocorrência lexemática na interpretação em Libras e para a tradução do português na modalidade escrita;

- **Grupo [A] – primeira versão:** o TILS sinaliza o lexema manual 'opinião', e o Surdo não explicita nenhuma ocorrência lexemática na interpretação em Libras e para a tradução do português na modalidade escrita.

Para o TILS e Surdos do grupo [B], observa-se:

- **Grupo [B] – segunda versão:** o TILS sinaliza o lexema manual 'refletir', e o Surdo não explicita nenhuma ocorrência lexemática na interpretação em Libras e para a tradução do português na modalidade escrita;

- **Grupo [B] – primeira versão:** o TILS sinaliza o lexema manual 'consciência', e o Surdo não explicita nenhuma ocorrência lexemática na interpretação em Libras e para a tradução do português na modalidade escrita.

Para o TILS e Surdos do grupo [C], observa-se:

- **Grupo [C] – segunda versão:** o TILS sinaliza o lexema manual 'problema', e o Surdo não explicita nenhuma ocorrência lexemática na interpretação em Libras e para a tradução do português na modalidade escrita;

- **Grupo [C] – primeira versão:** o TILS e o Surdo não explicitam nenhuma ocorrência lexemática na interpretação em Libras e para a tradução do português na modalidade escrita.

Para o TILS e Surdos do grupo [D], observa-se:

- **Grupo [D] – segunda versão:** o TILS e o Surdo não explicitam nenhuma ocorrência lexemática na interpretação em Libras e para a tradução do português na modalidade escrita;

- **Grupo [D] – primeira versão:** o TILS sinaliza a construção lexemática manual 'cidadão+ pensar' (com ef. de concordância ao enunciado da sintaxe anterior), e o Surdo não explicita nenhuma ocorrência lexemática na interpretação em Libras e para a tradução do português na modalidade escrita;

Para o TILS e Surdos do grupo [E], observa-se:

- **Grupo [E] – segunda versão:** o TILS e o Surdo não explicitam nenhuma ocorrência lexemática na interpretação em Libras e para a tradução do português na modalidade escrita;

- **Grupo [E] – primeira versão:** o TILS sinaliza a construção lexemática manual '<c-r-í-t-i-c-o>' (faz-se uso do empréstimo linguístico da LP, ou seja, sinaliza a construção lexemática, com o alfabeto manual de Libras), e o Surdo não explicita nenhuma ocorrência lexemática na interpretação em Libras. Porém, para a tradução na modalidade escrita do português ocorre um registro de construção lexemática: 'problema'.

Para o TILS e Surdos do grupo [F], observa-se:

- **Grupo [F] – segunda versão:** o TILS sinaliza a construção lexemática manual 'crítico+reclamar' (opta-se pelo lexema manual 'reclamar', pois o TILS, ao sinalizar escolhe o lexema manual 'reclamar', enquanto que, ao mesmo tempo, oraliza o lexema 'crítico'). O Surdo não explicita nenhuma ocorrência lexemática na interpretação em Libras e para a tradução do português na modalidade escrita;

- **Grupo [F] – primeira versão:** o TILS sinaliza a construção lexemática manual 'crítico+reclamar' (opta-se pelo lexema manual 'reclamar', pois o TILS, ao sinalizar escolhe o lexema manual 'reclamar', enquanto que, ao mesmo tempo, oraliza o lexema 'crítico'). O Surdo não explicita nenhuma ocorrência lexemática na interpretação em Libras e para a tradução do português na modalidade escrita.

(b) Análise comparativa - CRÍTICO$_2$

Seguem as análises do Quadro 7, do conceito abstrato de CRÍTICO$_2$ com as interpretações e traduções de escolhas de diferentes construções lexemáticas feitas pelos TILS's e Surdos na segunda e primeira versões do processo de interpretação em Libras e para a tradução na modalidade escrita do português. São elas:

- **Grupo [A]** – o TILS sinaliza o lexema manual 'opinião', e o Surdo não explicita nenhuma ocorrência lexemática na interpretação em Libras e para a tradução do português na modalidade escrita;

- **Grupo [B]** – o TILS sinaliza os lexemas manuais 'desabafar' e 'reclamar', e o Surdo não explicita nenhuma ocorrência lexemática na interpretação em Libras e para a tradução do português na modalidade escrita;

- **Grupo [C]** – o TILS sinaliza o lexema manual 'opinião', e o Surdo não explicita nenhuma ocorrência lexemática na interpretação em Libras e para a tradução do português na modalidade escrita;

- **Grupo [D]** – o TILS e o Surdo não explicitam nenhuma ocorrência lexemática na interpretação em Libras e para a tradução do português na modalidade escrita;

- **Grupo [E]** – o TILS sinaliza o lexema manual 'problema', e o Surdo sinaliza o lexema manual 'problema' na interpretação em Libras. Porém, para a tradução na modalidade escrita do português não ocorre nenhum registro de construção lexemática;

- **Grupo [F]** – o TILS sinaliza a construção lexemática manual 'crítico+reclamar' (opta-se pelo lexema manual 'reclamar', pois o TILS, ao sinalizar escolhe o lexema manual 'reclamar', enquanto que, ao mesmo tempo, oraliza o lexema 'crítico'). Porém, o Surdo não explicita nenhuma ocorrência lexemática na interpretação em Libras e para a tradução do português na modalidade escrita.

Comparando as versões, a fim de observar o TILS e Surdo dos grupos em relação às escolhas de lexemas manuais e escritas para o conceito abstrato CRÍTICO$_2$, verifica-se que na primeira versão surgem ocorrências semelhantes que também se encontram na segunda versão.

Para o TILS e Surdo do grupo [A], observa-se:

- **Grupo [A] – segunda versão:** o TILS sinaliza o lexema manual 'opinião', e o Surdo não explicita nenhuma ocorrência lexemática na interpretação em Libras e para a tradução do português na modalidade escrita;

- **Grupo [A] – primeira versão:** o TILS sinaliza o lexema manual 'opinião', e o Surdo sinaliza o lexema manual 'consciência' na interpretação em Libras. Porém, para a tradução na modalidade escrita do português, não ocorre nenhum registro de construção lexemática.

Para o TILS e Surdo do grupo [B], observa-se:

- **Grupo [B] – segunda versão:** o TILS sinaliza os lexemas manuais 'desabafar' e 'reclamar', e o Surdo não explicita nenhuma ocorrência lexemática na interpretação em Libras e para a tradução do português na modalidade escrita;

- **Grupo [B] – primeira versão:** o TILS sinaliza o lexema manual 'explicar' e 'desabafar', e o Surdo não explicita nenhuma ocorrência lexemática na interpretação em Libras e para a tradução do português na modalidade escrita.

Para o TILS e Surdo do grupo [C], observa-se:

- **Grupo [C] – segunda versão:** o TILS sinaliza o lexema manual 'opinião', e o Surdo não explicita nenhuma ocorrência lexemática na interpretação em Libras e para a tradução do português na modalidade escrita;

- **Grupo [C] – primeira versão:** o TILS sinaliza o lexema manual 'opinião', e o Surdo não explicita nenhuma ocorrência lexemática na interpretação em Libras e para a tradução do português na modalidade escrita.

Para o TILS e Surdo do grupo [D], observa-se:

- **Grupo [D] – segunda versão:** o TILS e o Surdo não explicitam nenhuma ocorrência lexemática na Interpretação em Libras. Porém, para a tradução na modalidade escrita do português, ocorre um registro de construção lexemática: 'problema';

- **Grupo [D] – primeira versão:** o TILS sinaliza a construção lexemática manual 'falar+opinião'. Porém, e o Surdo não explicita nenhuma ocorrência lexemática na interpretação em Libras e para a tradução do português na modalidade escrita.

Para o TILS e Surdo do grupo [E], observa-se:

- **Grupo [E] – segunda versão:** o TILS sinaliza o lexema manual 'opinião' e também, sinaliza a construção lexemática manual 'crítico+reclamar' (opta-se pelo lexema manual 'reclamar', pois o TILS, ao sinalizar escolhe o lexema manual 'reclamar', enquanto que, ao mesmo tempo, oraliza o lexema 'crítico'), e o Surdo não explicita nenhum lexema manual na interpretação em Libras. Porém, para a tradução na modalidade escrita do português, ocorre um registro de construção lexemática: 'crítico';

- **Grupo [E] – primeira versão:** o TILS e o Surdo não explicitam nenhuma ocorrência lexemática na interpretação em Libras e para a tradução do português na modalidade escrita.

Para o TILS e Surdo do grupo [F], observa-se:

- **Grupo [F] – segunda versão:** o TILS sinaliza o lexema manual 'opinião' e também, sinaliza a construção lexemática manual 'crítico+reclamar' (opta-se pelo lexema manual 'reclamar', pois o TILS, ao sinalizar escolhe o lexema manual 'reclamar', enquanto que, ao mesmo tempo, oraliza o lexema 'crítico'), e o Surdo não explicita nenhum lexema manual na interpretação em Libras. Para a tradução na modalidade escrita do português, não ocorre nenhum registro de construção lexemática;

- **Grupo [F] – primeira versão:** o TILS e o Surdo não explicitam nenhuma ocorrência lexemática na interpretação em Libras e para a tradução do português na modalidade escrita.

Compreende-se que o TILS do grupo [F] enfatiza o sinal manual com comunicação bimodal (LILLOMARTIN, QUADROS, KOULIDOBROVA, PICHLER, 2009), ou seja, utiliza a expressão oral "criticar". O TILS nessa interpretação em Libras, faz uso de duas modalidades linguísticas: oral e gestual.

(c) Analise comparativa - CRÍTICO[3]

Analisando o conceito abstrato de **CRÍTICO**$_3$ verifica-se que, nas ocorrências de construções lexemáticas realizadas por TILS's e Surdos, os seguintes sentidos de lexemas manuais, que são identificadas no Quadro 7, da segunda versão, para a interpretação em Libras e para a tradução da modalidade escrita do português, são estabelecidos:

- **Grupo [A]** – o TILS sinaliza os lexemas manuais 'opinião' e 'reclamar', e o Surdo não explicita nenhuma ocorrência lexemática na interpretação em Libras e para a tradução do português na modalidade escrita;

- **Grupo [B]** – o TILS sinaliza o lexema manual 'pensar', e o Surdo sinaliza um lexema manual 'reclamar' na interpretação em Libras. Porém, para a tradução na modalidade escrita do português, não ocorre nenhum registro de construção lexemática;

- **Grupo [C]** – o TILS sinaliza os lexemas manuais 'reclamar' e 'provocar', e o Surdo não explicita nenhuma ocorrência lexemática na interpretação em Libras e para tradução da modalidade escrita do português;

- **Grupo [D]** – o TILS sinaliza o lexema manual 'problema', e Surdo não sinaliza o lexema manual na interpretação em Libras. Porém, para a tradução na modalidade escrita do português, ocorre o registro de duas construções lexemáticas: 'reclamar o problema' e 'chateados e incomodados';

- **Grupo [E]** – o TILS e o Surdo não explicitam nenhuma ocorrência lexemática na interpretação em Libras e para a tradução do português na modalidade escrita;

- **Grupo [F]** – o TILS sinaliza os lexemas manuais 'opinião' e também, sinaliza a construção lexemática manual 'criticar+reclamar' (opta-se pelo lexema manual 'reclamar', pois o TILS, ao sinalizar, escolhe o lexema manual 'reclamar', enquanto que, ao mesmo tempo, oraliza o lexema 'crítico'). Porém, não há correspondências explicitadas para a interpretação em Libras e, para a tradução na modalidade escrita do português, uma vez que não ocorre nenhum registro de construção lexemática.

Analisam-se as construções de lexemas manuais e escritos manifestados pelos TILS's e Surdos para CRÍTICO$_3$, registradas nas anotações das trilhas do sistema de transcrições (ELAN), que permite comparar as versões, a fim de analisar os resultados obtido dos grupos na interpretação em Libras e tradução na modalidade escrita do português.

Para o TILS e Surdo do grupo [A], observa-se:

- **Grupo [A] – segunda versão:** o TILS sinaliza os lexemas manuais 'opinião' e 'reclamar', e o Surdo não explicita nenhuma ocorrência lexemática na interpretação em Libras e para a tradução do português na modalidade escrita;

- **Grupo [A] – primeira versão:** o TILS sinaliza o lexema manual 'reclamar', e o Surdo não explicita nenhuma ocorrência lexemática na interpretação em Libras e para a tradução do português na modalidade escrita.

Para o TILS e Surdo do grupo [B], observa-se:

- **Grupo [B] – segunda versão:** o TILS sinaliza o lexema manual 'pensar', e o Surdo sinaliza o lexema manual de 'reclamar' na interpretação em Libras. Para a tradução na modalidade escrita do português, não ocorre nenhum registro de construção lexemática;

- **Grupo [B] – primeira versão:** o TILS sinaliza o lexema manual 'reclamar' e o Surdo não explicita nenhuma ocorrência lexemática na interpretação em Libras. Porém, para a tradução na modalidade escrita do português, ocorre um registro de construção lexemática: 'reclamam'.

Para o TILS e Surdo do grupo [C], observa-se:

- **Grupo [C] – segunda versão:** o TILS sinaliza os lexemas manuais 'reclamar' e 'provocar', e o Surdo não explicita nenhuma ocorrência lexemática na interpretação em Libras e para a tradução do português na modalidade escrita;

- **Grupo [C] – primeira versão:** o TILS sinaliza os lexemas manuais 'reclamar' e 'provocar', e o Surdo sinaliza o lexema manual 'provocar' na interpretação em Libras. Porém, para a tradução na modalidade escrita do português, ocorre um registro de construção lexemática: 'reclamam'.

Para o TILS e Surdo do grupo [D], observa-se:

- **Grupo [D] – segunda versão:** o TILS sinaliza o lexema manual 'problema', e o Surdo não explicita nenhuma ocorrência para a interpretação em Libras. Porém, para tradução na modalidade escrita do português, ocorrem dois registros de construções lexemáticas: 'reclamar o problema' e 'chateados e incomodado';

- **Grupo [D] – primeira versão:** o TILS sinaliza o lexema manual 'provocar', e o Surdo não explicita nenhuma ocorrência para a interpretação em Libras. Porém, para a tradução na modalidade escrita do português, ocorrem dois registros de construções lexemáticas: 'reclama' e 'observam'.

Para o TILS e Surdo do grupo [E], observa-se:

- **Grupo [E] – segunda versão:** o TILS e o Surdo não explicitam nenhuma ocorrência lexemática na interpretação em Libras e para a tradução do português na modalidade escrita;

- **Grupo [E] – primeira versão:** o TILS e o Surdo não explicitam nenhuma ocorrência lexemática na interpretação em Libras e para a tradução do português na modalidade escrita;

Para o TILS e Surdo do grupo [F], observa-se:

- **Grupo [F] – segunda versão:** o TILS sinaliza a construção lexemática manual 'crítico+reclamar' (opta-se pelo lexema manual 'reclamar', pois o TILS, ao sinalizar escolhe o lexema manual 'reclamar', enquanto que, ao mesmo tempo, oraliza o lexema 'crítico'), e o Surdo sinaliza o lexema manual 'reclamar'. Porém, para a tradução na modalidade escrita do português não ocorre nenhum registro de construção lexemática;

- **Grupo [F] – primeira versão:** o TILS sinaliza a construção lexemática manual 'crítico+reclamar' (opta-se pelo lexema manual 'reclamar', pois o TILS, ao sinalizar escolhe o lexema manual 'reclamar', enquanto que, ao mesmo tempo, oraliza o lexema 'crítico'), e o Surdo não explicita nenhuma ocorrência lexemática na interpretação em Libras e para a tradução do português na modalidade escrita.

Dessa maneira, o TILS do grupo [F] realiza o lexema manual, com sobreposição bimodal, ou seja, faz uso a expressão oral 'criticar', porém, sinaliza o lexema manual 'reclamar'. Dessa maneira, o TILS realiza construções lexemáticas da mesma forma que as observações sinalizadas do item lexical 'crítico'.

(d) Análise comparativa - CRÍTICO$_4$

O conceito abstrato CRÍTICO$_4$ corresponde ao adjetivo da ação do professor em emitir "opinião" sobre os alunos em sua sala de aula. A construção a ser interpretada para Libras permite realizar escolhas lexicais variáveis em Libras. Observam-se as ocorrências polissêmicas para CRÍTICO$_4$ assumidas entre os TILS's e os Surdos, com as seguintes construções lexemáticas atribuídas na segunda versão:

- **Grupo [A]** – o TILS sinaliza o lexema manual 'reclamar', e o Surdo não explicita nenhuma ocorrência lexemática na interpretação em Libras e para a tradução do português na modalidade escrita;

- **Grupo [B]** – o TILS sinaliza o lexema manual 'dificuldade', e o Surdo sinaliza o lexema manual 'problema' na interpretação em Libras. Porém, para a tradução na modalidade escrita do português, não ocorre nenhum registro de construção lexemática;

- **Grupo [C]** – o TILS sinaliza o lexema manual 'opinião', e o Surdo não sinaliza nenhuma ocorrência lexemática na interpretação em Libras e para a tradução na modalidade escrita do português;

- **Grupo [D]** – o TILS sinaliza o lexema manual 'reclamar', e o Surdo sinaliza o lexema manual 'problema' na interpretação em Libras. Porém, para a tradução na modalidade escrita do português, não ocorre nenhum registro de construção lexemática;

- **Grupo [E]** – o TILS não explicita nenhuma construção lexemática. Com isso, o Surdo sinaliza o lexema manual 'problema' na interpretação em Libras e para a tradução na modalidade escrita do português, ocorrem dois registros de construções lexemáticas: 'crítico' e 'ruim';

- **Grupo [F]** – o TILS e o Surdo não explicitam nenhuma ocorrência lexemática na interpretação em Libras e para a tradução do português na modalidade escrita.

Diante dessas escolhas apresentadas nos resultados do Quadro 7, na segunda versão, se analisa a seguir, as construções do microtexto, como sintetizado no Quadro 6. Essa análise visa pontuar e comparar ocorrências lexemáticas entre os Quadros 6 e 7. Na sequência, se apresentam as construções de lexemas (manuais e escrito) manifestados pelos TILS's e Surdos na segunda versão (Quadro 7), bem como, e também as observações encontradas anteriormente na primeira versão (Quadro 6).

Para o TILS e Surdo do grupo [A], observa-se:

- **Grupo [A] – segunda versão:** o TILS sinaliza o lexema manual 'reclamar', e o Surdo não explicita nenhuma ocorrência lexemática na interpretação em Libras e para a tradução do português na modalidade escrita;

- **Grupo [A] – primeira versão:** o TILS sinaliza o lexema manual 'problema', e o Surdo não explicita nenhuma ocorrência lexemática na interpretação em Libras e para a tradução do português na modalidade escrita.

Para o TILS e Surdo do grupo [B], observa-se:

- **Grupo [B]** – segunda versão: o TILS sinaliza o lexema manual 'dificuldade'. Porém, o Surdo sinaliza o lexema manual 'problema' na interpretação em Libras. O Surdo não registra nenhuma ocorrência lexemática para a tradução na modalidade escrita do português;

- **Grupo [B]** – primeira versão: o TILS e o Surdo não explicitam nenhuma ocorrência para a interpretação em Libras. Porém, para a tradução na modalidade escrita do português, ocorre um registro de construção lexemática: 'pensam'.

Para o TILS e Surdo do grupo [C], observa-se:

- **Grupo [C] – segunda versão:** o TILS sinaliza a construção lexemática manual 'opinião', e o Surdo não explicita nenhuma ocorrência lexemática na interpretação em Libras e para a tradução do português na modalidade escrita;

- **Grupo [C] – primeira versão:** o TILS sinaliza o lexema manual 'problema', e o Surdo não explicita nenhuma ocorrência lexemática na interpretação em Libras e para a tradução do português na modalidade escrita.

Para o TILS e Surdo do grupo [D], observa-se:

- **Grupo [D] – segunda versão:** o TILS sinaliza a construção lexemática manual 'provocar+reclamar', e o Surdo sinaliza o lexema manual 'problema' na interpretação em Libras. Porém, para a tradução na modalidade escrita do português, não ocorre nenhum registro de construção lexemática;

- **Grupo [D] – primeira versão:** o TILS sinaliza a construção lexemática manual 'provocar+reclamar', e o Surdo sinaliza o lexema manual 'problema' na interpretação em Libras. Porém, para a tradução na modalidade escrita do português, não ocorre nenhum registro de construção lexemática.

Para o TILS e Surdo do grupo [E], observa-se:

- **Grupo [E] – segunda versão:** o TILS não explicita nenhuma construção lexemática e o Surdo sinaliza o lexema manual 'problema' na interpretação em Libras e para a tradução na modalidade escrita do português, ocorrem dois registros de construções lexemáticas: 'crítico' e 'ruim';

- **Grupo [E] – primeira versão:** o TILS e o Surdo não explicitam nenhuma ocorrência lexemática na interpretação em Libras. Porém, para a tradução na modalidade escrita do português, ocorre um registro de construção lexemática: 'problema'.

Para o TILS e Surdo do grupo [F], observa-se:

- **Grupo [F] – segunda versão:** o TILS e o Surdo não explicitam nenhuma ocorrência lexemática na interpretação em Libras e para a tradução do português na modalidade escrita;

- **Grupo [F] – primeira versão:** o TILS sinaliza a construção lexemática manual 'crítico+reclamar' (opta-se pelo lexema manual 'reclamar', pois o TILS, ao sinalizar escolhe o lexema manual 'reclamar', enquanto que, ao mesmo tempo, oraliza o lexema 'crítico'). Porém, o Surdo sinaliza os lexemas manuais 'acusar' e 'problema' na interpretação em Libras e para a tradução na modalidade escrita do português, não ocorre nenhum registro de construção lexemática.

Para CRÍTICO$_4$ o TILS, na primeira versão, registra ocorrência a construção lexemática manual 'crítico+reclamar'. Entretanto, assim como em todas as ocorrências lexemáticas dos TILS's analisadas nesta pesquisa, percebe-se que o TILS do grupo [F] registra, novamente, em suas escolhas de interpretação em Libras, o lexema manual 'reclamar'.

(e) Análise comparativa - CRÍTICO$_5$

Para finalizar esta parte se analisa a última coluna do Quadro 7, na segunda versão das ocorrências lexemáticas do conceito abstrato CRÍTICO$_5$. Verifica-se que para a expressão do substantivo a ser interpretado e traduzido há possibilidades variadas de construções linguísticas para Libras. Observam-se as seguintes construções lexemáticas para o sentido lexical 'crítico'.

- **Grupo [A]** – o TILS sinaliza o lexema manual 'problema', e o Surdo não explicita nenhuma ocorrência lexemática na interpretação em Libras e para a tradução do português na modalidade escrita;
- **Grupo [B]** – o TILS sinaliza o lexema manual 'pensar', e o Surdo sinaliza o lexema manual 'pensar' na interpretação em Libras. Porém, para a tradução na modalidade escrita do português, não ocorre nenhum registro de construção lexemática;
- **Grupo [C]** – o TILS sinaliza os lexemas manuais 'problema' e 'pior', e o Surdo não explicita nenhuma ocorrência lexemática na interpretação em Libras e para a tradução do português na modalidade escrita;
- **Grupo [D]** – o TILS sinaliza o lexema manual de 'problema', e o Surdo sinaliza o lexema manual 'reclamar" na interpretação em

Libras. Porém, para a tradução na modalidade escrita do português, não ocorre nenhum registro de construção lexemática;

- **Grupo [E]** – o TILS e o Surdo não explicitam nenhuma ocorrência lexemática na interpretação em Libras. Porém, para a tradução na modalidade escrita do português ocorre um registro de construção lexemática: 'ruim'.

- **Grupo [F]** – o TILS sinaliza os lexemas manuais 'opinião', e também sinaliza a construção lexemática manual 'crítico+reclamar' (opta-se pelo lexema manual 'reclamar', pois o TILS, ao sinalizar escolhe o lexema manual 'reclamar', enquanto que, ao mesmo tempo, oraliza o lexema 'crítico'). Porém, o Surdo não explicita nenhuma ocorrência lexemática na interpretação em Libras e para a tradução do português na modalidade escrita.

Na sequência, se apresentam as ocorrências dos itens polissêmicos manifestados pelos TILS's e Surdos na segunda versão (Quadro 7) e na primeira versão (Quadro 6).

Para o TILS e Surdo do grupo [A], observa-se:

- **Grupo [A] – segunda versão:** o TILS sinaliza o lexema manual 'problema', e o Surdo não explicita nenhuma ocorrência lexemática na interpretação em Libras e para a tradução do português na modalidade escrita;

- **Grupo [A] – primeira versão:** o TILS e o Surdo não explicitam nenhuma ocorrência lexemática na interpretação em Libras e para a tradução do português na modalidade escrita.

Para o TILS e Surdo do grupo [B], observa-se:

- **Grupo [B] – segunda versão:** o TILS sinaliza o lexema manual 'pensar', e o Surdo também sinaliza o lexema manual 'pensar' na interpretação em Libras. Porém, para a tradução na modalidade escrita do português não ocorre nenhum registro de construção lexemática;

- **Grupo [B] – primeira versão:** o TILS e o Surdo não explicitam nenhuma ocorrência lexemática na interpretação em Libras. Porém, para tradução na modalidade escrita do português, ocorre um registro de construção lexemática: 'pensam'.

Para o TILS e Surdo do grupo [C], observa-se:

- **Grupo [C] – segunda versão:** o TILS sinaliza os lexemas manuais 'problema', e 'pior'. Porém, o Surdo não explicita nenhuma ocorrência lexemática na interpretação em Libras e para a tradução do português na modalidade escrita;

- **Grupo [C] – primeira versão:** o TILS sinaliza o lexema manual 'analisar', e o Surdo não explicita nenhuma ocorrência na interpretação em Libras e para a tradução na modalidade escrita do português.

Para o TILS e Surdo do grupo [D], observa-se:

- **Grupo [D] – segunda versão:** o TILS sinaliza o lexema manual 'problema', e o Surdo sinaliza o lexema manual 'reclamar' na interpretação em Libras e, para a tradução na modalidade escrita do português, não ocorre nenhum registro de construção lexemática;

- **Grupo [D] – primeira versão:** o TILS sinaliza a construção lexemática manual 'reclamar+ruim', e o Surdo sinaliza o lexema manual 'provocar' na interpretação em Libras. Porém, para a tradução na modalidade escrita do português, ocorre um registro de construção lexemática: 'incômodo'.

Para o TILS e Surdo do grupo [E], observa-se:

- **Grupo [E] – segunda versão:** o TILS e o Surdo não explicitam nenhuma ocorrência lexemática na interpretação em Libras e para a tradução na modalidade escrita do português, ocorre um registro de construção lexemática: 'ruim';

- **Grupo [E] – primeira versão:** o TILS e o Surdo não explicitam nenhuma ocorrência lexemática na interpretação em Libras e, para a tradução na modalidade escrita do português, ocorre um registro de construção lexemática: 'problema'.

Para o TILS e Surdo do grupo [F], observa-se:

- **Grupo [F] – segunda versão:** o TILS sinaliza o lexema manual 'opinião' e também sinaliza a construção lexemática manual 'crítico+reclamar' (opta-se pelo lexema manual 'reclamar', pois o TILS, ao sinalizar escolhe o lexema manual 'reclamar', enquanto que, ao mesmo tempo, oraliza o lexema 'crítico'). Porém, na tradução para a modalidade escrita do português, não ocorre nenhum registro de construção lexemática;

- **Grupo [F] – primeira versão:** o TILS sinaliza a construção lexemática manual 'crítico+reclamar' (opta-se pelo lexema manual 'reclamar', pois o TILS, ao sinalizar escolhe o lexema manual 'reclamar', enquanto que, ao mesmo tempo, oraliza o lexema 'crítico') e '<c-r-í-t-i-c-o>' (faz-se uso do empréstimo linguístico de LP, ou seja, sinaliza a construção lexemática, com o alfabeto manual de Libras). O Surdo não explicita nenhuma ocorrência lexemática na interpretação em Libras, mas, para a tradução na modalidade escrita do português, ocorre um registro de construção lexemática: 'pior+ruim'.

Percebe-se que o TILS do grupo [F] faz uso do lexema 'reclamar', com a expressão verbal 'criticar'. Com a tentativa de garantir a compreensão do conteúdo do enunciado, permanece na comunicação bimodal. Porém, com essa escolha, o TILS do grupo [F] toma emprestado o alfabeto manual (datilologia), com o propósito de apresentar o conceito abstrato, ou seja, utiliza-se da datilologia como empréstimo linguístico-tradutório.

As primeiras e segundas versões de ocorrências lexemática na interpretação em Libras e na tradução na modalidade escrita do português são registros de escolhas realizadas pelos TILS's e Surdos. A constituição semântico-lexical que há nos conceitos abstratos de CRÍTICO, possuem em LP, um lexema estabelecido, que é altamente polissêmico. Ao explorar essas escolhas de construções lexemáticas do conceito abstrato, surgem as escolhas de sentido diferente que variam de acordo com o conteúdo do enunciado.

3.2 SÍNTESE DAS ANÁLISES OBTIDAS DOS CONCEITOS ABSTRATOS

Nessa seção, se discute os resultados em nível mais geral, dos aspectos mais relevantes e salientes das interpretações e traduções de Libras/português. O Quadro 8 sintetiza as ocorrências mais frequentes, para as escolhas feitas pelos TILS's/Surdos (LS/LP - modalidade escrita), nas primeiras e segundas versões:

Comparação analítica entre TILS's/Surdos (LS/LP (modalidade escrita))					
Conceitos abstratos	CRÍTICO 1 "refletir/pensar"	CRÍTICO 2 "opinião"	CRÍTICO 3 "observar/avaliar/ reclamar"	CRÍTICO 4 "opinião"	CRÍTICO 5 "chato/ruim/ incomodar"
Grupo dos sujeitos/ versões	1ªV[59] 2ªV[60]	1ªV 2ªV	1ªV 2ªV	1ªV 2ªV	1ªV 2ªV
TILS's	'pensar' 'refletir'	'opinião' 'opinião'	'reclamar' 'reclamar'	--- ---	'ruim' 'pior'
Surdos-LS	--- ---	--- ---	'reclamar' 'reclamar'	--- ---	--- ---
Surdos-LP (escrito)	'reclamam' e 'observam' ---	--- 'crítico'	--- 'reclamar o problema'	--- ---	'incômodo' e 'ruim' 'ruim'

Quadro 3 – Comparação analítica - primeira e segunda versão dos conceitos abstratos CRÍTICO
Fonte: Elaborado pela Autora

---

62 Primeira versão – 1ª V
63 Segunda versão – 2ª V

Embora houvesse outras ocorrências lexemáticas, registradas no Quadro 8, as construções de maior frequência escolhidas entre os TILS's e Surdos foram diversas. No entanto, as escolhas interpretativas, foram selecionadas para o registro dos lexemas manuais e escritos, como se apresentam no Quadro 8. Numa síntese dos resultados, observa que as escolhas interpretativas dos TILS's e dos surdos nas modalidades em Libras e português (escrito) foram da seguinte forma:

(1) Grupos de TILS's

'**crítico$_1$**' - pensar' e 'refletir' foram as ocorrências de lexemas manuais dos TILS's da primeira e segunda versão;

'**crítico$_2$**' - 'opinião' foram as ocorrências de lexemas manuais de três grupos de TILS's da primeira e segunda versão;

'**crítico$_3$**'- 'reclamar' foram as ocorrências de lexemas manuais de quatro grupos de TILS's da primeira versão e 'observar' foram as ocorrências de lexemas manuais de três grupos de TILS's da segunda versão;

'**crítico$_4$**' - 'opinião' foi a ocorrência de lexema manual de um grupo de TILS da primeira e da segunda versão não houve ocorrências lexemáticas;

'**crítico$_5$**' - 'ruim' e 'pior' foram as ocorrências de lexemas manuais de um grupo de TILS da primeira e segunda versão.

(2) Grupos de Surdos-LS

'**crítico$_1$**' – não houve ocorrências de lexemas manuais dos Surdos na primeira e segunda versão;

'**crítico$_2$**' - não houve ocorrências de lexemas manuais dos Surdos na primeira e segunda versão;

'**crítico$_3$**' - 'reclamar' foi a ocorrência de lexemas manuais de dois grupos de Surdos da primeira e segunda versão;

'**crítico$_4$**' - não houve ocorrências de lexemas manuais dos Surdos na primeira e segunda versão;

'**crítico$_5$**' - não houve ocorrências de lexemas manuais dos Surdos na primeira e segunda versão;

(3) Grupos de Surdos-LP *(escrito)*

'crítico$_1$' – não houve ocorrências lexemáticas dos Surdos na primeira e segunda versão;

'crítico$_2$' - não houve ocorrências de lexemáticas dos Surdos na primeira versão e 'crítico' foi a ocorrência lexemática de um grupo na segunda versão;

'crítico$_3$' - 'reclamar' foi a ocorrência lexemática de três grupos de Surdos da primeira versão e de dois grupos de Surdos da segunda versão;

'crítico$_4$' - não houve ocorrências de lexemáticas dos Surdos na primeira versão e 'crítico' foi a ocorrência lexemática de um grupo na segunda versão;

'crítico$_5$' – 'ruim' e 'incômodo' foram as ocorrências lexemáticas de dois grupos de Surdos da primeira versão, e 'ruim' de um grupo de Surdo da segunda versão.

Os conceitos abstratos são, de fato, problemáticos tanto para os TILS's como para os sujeitos Surdos, dada a variedade de construções lexemáticas manuais e escritas para os itens lexicais de 'crítico', enquanto suas escolhas para os itens polissêmicos. Os TILS's procuram encontrar sinônimos ou paráfrases para que o significado (sentido) de 'crítico' em Língua Portuguesa (LP), seja passível de entendimento por parte do Surdo em Libras. Essas escolhas ora se ajustam, em algum grau, ao significado contextual, ora se distanciam, em cada versão nova a ser traduzida/interpretada. Porém, para o Surdo, a expressão da compreensão ainda se revela altamente complexa devido aos fatores ainda a serem investigados. Para a Linguística Cognitiva a linguagem é compreendida através de um conjunto de perspectivas de análises teóricas e metodológicas.

CONSIDERAÇÕES FINAIS

Nesta obra, se assumem os compromissos teórico-metodológicos da Linguística Cognitiva (LC), relativos aos processos de estruturas mentais, constituídos dos processos de categorização de um dado domínio da experiência – relativos aos conceitos abstratos de CRÍTICO. Nesse estudo se investiga, na perspectiva da Linguística Cognitiva (LC), os processos de compreensão e de tradução de ocorrências de itens polissêmicos relativos aos conceitos abstratos de CRÍTICO, em que ambos possuem correspondentes lexicais/gramaticais na Língua Portuguesa (LP), mas não, necessariamente, equivalentes (semelhanças) formais, em Libras.

O problema norteador desta obra se encontram nos processos linguístico-cognitivos do conceito abstratos para CRÍTICO, nas atividades de tradução e/ou interpretação da língua portuguesa (LP) para a Libras e na atuação dos TILS's. Para a condução da pesquisa, formularam-se as seguintes hipóteses: (1) como se dá a interpretação de conceitos abstratos de LP para Libras?; (2) como as escolhas no ato de interpretar e traduzir conceitos abstratos afetam a interpretação do sujeito Surdo?; e (3) das respostas (1) e (2), que competências e habilidades os TILS's devem desenvolver para tornarem-se mais eficazes em sua função/atividade profissional?.

A partir desses objetivos e questionamentos, a obra ficou organizada em três capítulos: o primeiro capítulo abordando as características das línguas de sinais e da Libras, especificamente, apresentando os aspectos relevantes da legislação que ampara a área de Libras, a problematização em relação o sistema linguístico de Libras, com a questão dos conceitos abstratos, bem como, as análises dos processos de compreensão e interpretação que sustentam o processo de tradução e interpretação dos que atuam com os sistemas linguísticos para Libras e Português. E finaliza-se, com as contribuições da linguística cognitiva no referencial teórico.

O segundo capítulo, se descrevem os detalhes da metodologia e procedimentos para análise do *corpus*. No terceiro capítulo, construiu as análises a partir do *corpus* da pesquisa para apresentar os resultados. Este capítulo é organizado em duas seções; uma para os conceitos abstratos de CRÍTICO e a outra para a discussão dos resultados obtidos. E, por fim, segue as considerações que avaliam o processo da investigação e, em que medida, este responde às questões levantadas no problema de pesquisa.

Seguindo nessas hipóteses, realizou-se uma análise da interpretação de Libras, com microtextos, especialmente elaborados para o experimento e suficientemente contextualizados em sua coerência pragmática. Buscou-se realizar no experimento um evento comunicativo o mais realístico possível do tradutor e intérprete (TILS-Surdo). Posteriormente foram realizadas transcrições dos dados obtidos, nas trilhas de anotações com glosas, nas quais se evidenciou os conceitos abstratos, por meio do *software* de transcrição (ELAN).

Também se verificou por meio dos aspectos linguísticos analisados, as competências necessárias para as atividades profissionais dos TILS's, mesmo sendo esses TILS's e Surdos de regiões diferentes da prática do ato tradutório, no que tange a mediação do tradutor e intérprete de Libras/português.

Neste estudo, investigaram-se as particularidades lexicais, semânticas e pragmáticas dos conceitos abstratos da língua portuguesa: CRÍTICO. Para os processos tradutórios e/ou interpretativos da língua de sinais em um estudo comparativo entre grupos (tradutores e intérpretes e Surdos) do Rio Grande do Sul (RS) e de Santa Catarina (SC).

O estudo é empírico numa situação controlada, na qual se utilizaram os recursos de filmagens e manipulação do *software* ELAN (*Eudico Languagem Annotator*) para os processos de transcrições de anotações de glosas.

No caso dessa obra, verificou-se que interpretar e traduzir um enunciado são, portanto, um exercício cognitivo da compreensão com referência a um determinado texto, ou seja, é a apropriação de um sentido possível, dado uma compreensão. É fundamental compreender o que se está traduzindo, pois um conceito abstrato pode relacionar-se com as diferentes escolhas lexemático-gramaticais, e, é nessas dimensões que a tradução oportuniza descortinar o discurso do enunciado, seja este por linguagem escrita e/ou falada.

Considerando as teorias destacadas no capítulo 1 (um), o contexto representa propriedades para a formação de categorias mentais. A principal relação está nas experiências pessoais dos seres humanos, através de seus corpos, numa ação de base fundamental para as atividades cognitivas de percepção, conceptualização, memorização, raciocínio, linguagem, emoções, consciência e entre outras ações que o ser humano estabelece naturalmente (Gibbs, 2008).

O procedimento experimental, conduzido em um cenário controlado, se, por um lado, reveste-se de certa artificialidade; por outro lado, é uma alternativa que permite prestar atenção aos aspectos específicos da situação de comunicação, o que não é possível, em muitos casos, em ambientes de situações espontâneas ou ditas "naturais". A manipulação de variáveis em procedimentos experimentais permite isolar componentes da comunicação, analisá-los e compará-los criteriosamente.

A hipótese da Linguística Cognitiva (LC) é a de que a linguagem que se usa para falar sobre nossas experiências reflete-se na maneira de conceptualizar o cotidiano. Entretanto, o pensamento e linguagem, para os cognitivistas na linha pesquisada por Lakoff (1988), argumentam que o pensamento, o conhecimento, o significado são correspondentes de um conceito, estabelecido por Modelos Cognitivos Idealizados(MCI), ou seja, um conceito abstrato depende da cultura, das comunidades e de contextos linguísticos.

Dessa maneira, Silva (2006, p. 315) argumenta que os "significados não são *objectos mentais* estáticos, desencarnados ou descontextualizados e objectivamente dados e depositados no cérebro/mente", ou seja, os significados é um "efeito cognitivo real da maneira como categorizamos o mundo, não em termos de condições necessárias e suficientes, mas na base de protótipos".

Entretanto, os *"actos de criação de sentido"* destaca-se na maneira de como o ser humano em situação de experimento controlado, subjetiva e intersubjetivamente de escolhas para os sentidos situados num contexto de experiências. Os conceitos abstratos nos revelam importantes e diversos mecanismos cognitivos de processos e estratégias de conceptualização (Gibbs, 2008).

Nesse sentido, quando o TILS está numa situação desconhecida e necessita realizar a primeira versão da interpretação, desperta um dispositivo cognitivo de buscar, por processos mentais, o conhecimento enciclopédico sobre a língua de partida. Quando o TILS começa a receber o enunciado da da língua de partida para a língua de chegada, surge o processo da tradução de significados/compreensão para uma interpretação linguística e cultural da língua de chegada. Porém, quando o TILS se apropria com antecedência do enunciado, do conteúdo do discurso, como o caso da segunda versão, o TILS compartilha com seus pares as suas escolhas, possibilitando que faça escolhas lexemático-gramaticais mais precisas e apropriadas da língua de partida para língua de chegada, isto é, não é dizer que o TILS interpretou "errado" na primeira versão da situação experimental. No entanto, é dizer que o TILS se preparou para a interpretação, em tempo oportuno, e realizou suas escolhas conforme seu conhecimento enciclopédico e de mundo daquele momento, daquela situação, permitindo que a mensagem ao destinatário fosse realizada por uma tarefa de interpretação interlinguística acurada, ou seja, na segunda versão, verifica-se que o tempo maior permitido ao TILS possibilita-lhe pensar sobre suas escolhas de lexemas manuais. Esse tempo maior auxilia na seleção das construções lexemáticas do TILS de acordo com a intenção comunicativa do enunciado.

Quando o TILS recebe a informação pelo canal auditivo (Língua Portuguesa/oro-facial), é necessário que o TILS realize, por questões de segundos, escolhas de lexemático-gramaticais em Libras. No momento em que as informações chegam às redes neurais da mente, o TILS simultaneamente começa a interpretar suas construções lexemático-gramaticais para a Libras. Com isso, quando o TILS termina a interpretação em Libras, o Surdo também realiza uma tarefa cognitiva na tradução do seu conhecimento enciclopédico e de mundo, para assim, interpretar de Libras para Libras e, na sequência, traduzir para a modalidade escrita do português.

As escolhas lexicais para a interpretação simultânea são escolhas que acontecem com base única em um enunciado, ou seja, informações obtidas na língua de partida, traduzida cognitivamente, e interpretada para a língua de chegada, nos aspectos linguísticos e culturais. Esse processo ocorre quando as competências linguísticas e tradutórias desenvolvidas pelos TILS's no ato interpretativo se aproximam do enunciado da língua de partida para a língua de chegada, ou seja, envolve a posição e a postura que o TILS assume no momento da interpretação; referenciar os sujeitos do discurso durante o ato da interpretação; armazenar as informações do enunciado; incorporar na ação o sujeito do discurso quando necessário; resgatar pistas metalinguísticas durante suas escolhas de lexemas numa construção lexemática; ter o domínio e o autocontrole linguístico em situações que o TILS não possui conhecimentos prévios de contexto, de discurso e de posicionamento (cenário) em uma situação de interpretação simultânea; trabalhar em parceria com um ou mais colegas de atuação, ou seja, trabalhar com interpretação de apoio; manter-se alinhado ao enunciado e ao contexto de atuação; transmitir as informações que ocorrerem no ato de fala do locutor e interlocutor, atentar para a percepção linguística-visual, no que tange aos aspectos gramaticais da Língua de Sinais e o conhecimento linguístico são capacidades e competências de tradução e interpretação da língua de chegada para a língua de partida, e vice-versa, de um profissional qualificado para a tarefa de acessibilidade comunicacional.

Reconhece-se que a aquisição dessas habilidades mencionadas demanda tempo de formação, treinamento e prática, para que as escolhas de lexemas manuais e/ou escritos, sejam ocorrências funcionais para a ação de tradução e/ou interpretação.

Quando se escreve "traduz de dentro para fora" (Paz, 1981), é possível perceber que envolve toda uma operação intelectual da tarefa de tradução e/ou interpretação, pois entende-se que traduzir/interpretar é o mesmo que ler e ler é traduzir/interpretar para dentro de si mesmo. As línguas naturais são diferentes e dinâmicas, no percurso de uma interpretação simultânea as construções adquirem novos sentidos e os TILS's, se obrigam a improvisar, por meio de escolhas lexemáticas, equivalências (semelhanças) formais e funcionais de expressões entre língua de partida e língua de chegada (vice-versa).

O TILS recorre à tarefa de um ato interpretativo buscando correspondências linguísticas entre a língua de partida para a língua de chegada. Essas decisões são tomadas por parte do tradutor e/ou intérprete que determinam muitas das vezes a inserção social, as relações interpessoais e ao acesso à educação, comunicação e a informação à comunidade surda. Com isso, o TILS passa a ser um agente de acessibilidade na comunicação, informação e educação entre o Surdo e o Ouvinte. O TILS transita por universos (contextos) diferentes que determinam inúmeras ações sociais e educacionais.

Os estudos sobre os processos de categorização humana, com base no Realismo Corpóreo, têm elucidado fenômenos relativos à influência de modelos cognitivos e culturais sobre o modo como categorias conceituais se estruturam e atuam no processo de "fazer sentido" das experiências biossocioculturais em situações variadas de interação comunicacional (e.g. Lakoff, 1987; Lakoff; Johnson, 1999; Gibbs, 2005; Kövecses, 2005; Kristiansen *et al.*, 2006; Geeraerts; Cuyckens, 2007; Quinn; Holland, 1987, entre outros).

O foco, portanto, é prover estudos para o desenvolvimento e aperfeiçoamento de competências semântico-pragmáticas de tradutores-intérpretes de Libras, nos processos de compreensão e interpretação que há intenção comunicativa do (inter)locutor, em que se mantém a lógica do enunciado a partir de marcas linguísticas do discurso, quando elaborarem construções lexemáticas e gramaticais que expressam os conceitos abstratos que possuem categorias de equivalências formais e funcionais entre expressões das duas línguas de modalidade distintas: gestual e auditiva.

A função do TILS vai muito além da mera ação de gesticular ou apontar o discurso do enunciado. É notório perceber que o TILS assume a figura de mediador situacional. Com isso, a questão da interpretação simultânea pode ser problemática num texto singular, pois haja vista que há utilização de um conjunto de signos e construções gramaticais suscetíveis de ser produzido pelo TILS em sua autoria na tarefa de traduzir e/ou interpretar.

Assim, é a partir de uma tensão experimental que esta prática opera, num sentido que visa tanto a manifestação e a construção de um lexema manual de gerar um significado cultural de compreensão pela procura do sentido do enunciado, que está "contido" nas expressões mediadas simbolicamente. Dessa maneira, encontra-se na tarefa tradutória e/ou interpretativa o movimento de sentidos em que está implícito na construção de significados semântico-pragmáticos.

Este estudo certamente contribuirá para aspectos fundamentais da competência tradutório e/ou interpretativa, especificamente nas particularidades da interpretação simultânea de conceitos abstratos, cuja expressão em língua portuguesa e Libras é tão variada quanto complexa, dadas as diferenças linguísticas nos níveis lexicais e sintáticos entre os dois sistemas.

Observa-se que a prática do tradutor e intérprete de Libras envolve várias competências e, entre elas, algumas específicas que podem ser compreendidas e desenvolvidas a partir das contribuições da Linguística Cognitiva e, mais estritamente, da Semântica Cognitiva.

Nos processos linguístico-cognitivos, identifica-se nas atividades de tradução e/ou interpretação da língua portuguesa para a língua de sinais brasileira, por tradutor-intérpretes, e desta para a língua portuguesa por sujeitos Surdos. Na tarefa de tradução e/ou interpretação, analisa-se a mediação do tradutor e intérprete, em seus aspectos interlinguísticos e intervenientes na ação do TILS e na interpretação simultânea em Libras pelo sujeito surdo, como também, a tradução da modalidade escrita da língua portuguesa.

Os Estudos da Tradução e os Estudos da Interpretação, atualmente, revelam que toda a tarefa de tradução e interpretação são atividades que precisam ser exercidas por profissionais com formação específica, que se comuniquem com competência e habilidade com a comunidade surda. O ato de interpretar e traduzir não se refere a uma tarefa do sentido literal ao enunciado da língua de partida, mas elaborar semelhanças formais ou funcionais que categorizam significados para a língua de chegada.

O TILS, além da formação profissional, também desenvolve habilidades, competências e estratégias para uma atuação de traduzir e/ou interpretar em Libras. Para adquiri-las, além da formação acadêmica, seguir o caminho da prática intensiva e do aprimoramento contínuo na área. Para traduzir, se aprende traduzindo e para interpretar se aprende interpretando, ou seja, somente com a prática e aquisição de conhecimentos linguísticos e culturais o TILS alcança o padrão de excelência para a atividade profissional que atua em diferentes contextos comunitários. (soma-se a isso um processo de reflexão permanente sobre os sentidos das palavras em diferentes contextos).

A avaliação dos resultados obtidos nesta pesquisa tem em consideração o fato de que ambientes experimentais, mesmo que simulem situações o mais realísticas possíveis, são artificiais, pois seguem um protocolo de procedimentos controlados, diferentemente de situações espontâneas. Apesar dos sujeitos terem sido preparados para a condução do experimento, o design do ambiente, com três filmadoras sincronizadas, posição pré-fixada, que impede movimentos espontâneos típicos das interações de comunicação natural (face a face) e o próprio improviso com a condução dos procedimentos protocolados, influenciaram no comportamento dos participantes, promovendo embaraços, "bloqueios" na sua capacidade de expressão e na manifestação de sua competência interpretativa e tradutória. Desse modo, como ocorre em qualquer experimento, os resultados devem ser relativizados às conduções de produção de dados.

Entretanto, os resultados obtidos sinalizam que, de fato, conceitos abstratos que não possuem semelhanças formais (lexemas ou construções lexemático-gramaticais) em Libras, pois são problemáticos no processo de interpretação e tradução por TILS's e Surdos. Portanto, serão necessárias mais pesquisas para encontrar mais evidências empíricas sobre as quais se possam levantar novas hipóteses que orientem estudos no campo da Linguística Cognitiva.

Nesse sentido, resgatando como ponto de partida a proposta de categorias radiais de Lakoff (1887) ou de redes de Silva (2006), entende-se que os conceitos abstratos para CRÍTICO (dos lexemas subscritos em 1, 2, 3, 4 e 5) perspassam por hipóteses, construindo cada um como categorias mais abstratas, na estrutura radial de conceitos relacionados, tendo ao centro um significado prototípico.

Dessa maneira, verificar essas hipóteses para o tratamento da polissemia do sentido de 'crítico'; em Língua Portuguesa, demanda um outro estudo, já entendido como um possível prolongamento das investigações iniciadas desta obra.

Além disso, este estudo revela que a Linguística Cognitiva contribui para novos estudos da tradução e interpretação de Libras/Português, na mesma linha dessa investigação.

POSFÁCIO

Acredito que, você leitor, já tenha chegado até aqui, com algumas conclusões ou ainda com bastantes questões. Por um lado, as possíveis conclusões podem ser que: efetivamente, o processo interpretativo entre línguas de trabalho é complexo e custoso; literalmente, não é uma tarefa nada fácil interpretar em Libras as sentenças abstratas; certamente, os itens lexicais abstratos dão muita "dor de cabeça" para os(as) tradutores(as)/intérpretes; particularmente, ser intérprete de língua de sinais exige muito estudo, muita formação e muita dedicação à profissão; e definitivamente, a área Linguística Cognitiva e suas respectivas ramificações de estudos contribuiem bastante para o avanço dos Estudos da Tradução e Interpretação das Línguas de Sinais (ETILS). Por outro lado, algumas inconclusões podem ter lhe deixado intrigado(a), tais como: em quantos milissegundos os intérpretes de línguas de sinais fazem escolhas corretas sobre o processamento da linguagem, principalmente, quando o material linguístico é custoso ou abstrato demais? Devemos, como intérpretes de línguas de sinais, omitir os conceitos abstratos no momento que estamos defrontes aos estresses (cognitivos) causados pela interpretação simultânea? Quais seriam as melhores decisões interpretativas de Português para Libras para algumas sentenças ou infinitas sentenças correspondentes aos conceitos abstratos? Poderia fazer algum curso mais específico para a formação em interpretação de conceitos abstratos? Estas questões permitem suscitar mais pesquisas acadêmicas e, quem sabe, a própria doutora Flávia Machado poderá aprofundar-se nestas lacunas e trazer-nos mais uma outra rica publicação, concernente a estas temáticas – o que seria mais uma contribuição grandiosa para a área dos ETILS.

Neste livro, você pode compreender e entender que o processo tradutório/interpretativo é orientado por competências e habilidades cognitivas, linguísticas, culturais e contextuais. Isso porque, traduzir e interpretar não é somente transferir ou transpor palavras de uma língua para a outra. Traduzir e interpretar, aqui, sendo bem breve, é compreender e decifrar os significados, principalmente dos conceitos abstratos, buscando as melhores técnicas tradutórias/interpretativas e que se adequem na outra cultura e língua de trabalho. Quando observamos que a tradução/interpretação de/em/para línguas de sinais é intermodal (processo tradutório/interpretativo de uma língua oral-auditiva+gestual-escrita para uma língua visual-espacial+gestual-escrita), sim, temos a certeza de que a complexidade linguística é ainda mais profunda. E quando o processo tradutório/interpretativo é intramodal, envolvendo as próprias línguas de sinais, com suas complexidades sociocognitivas, sociolinguísticas e socioculturais? Ainda há poucos estudos acadêmicos que interpretem estes dados de pesquisas, focados no processo intramodal das línguas de sinais, fundamentalmente a respeito das decisões dos tradutores/intérpretes de línguas de sinais sobre os conceitos abstratos. Esteja certo de que, em maioria, os estudos sobre a tradução de textos e a interpretação simultânea/consecutiva se preocupam com: os problemas semânticos; as decisões tradutórias/interpretativas; as implicaturas e pistas contextuais que envolvem as interações entre tradutor/intérprete e o texto; e as análises de polissemias no processo tradutório/interpretativo. Enfim, estas são algumas das temáticas de pesquisa dos Estudos da Tradução e dos Estudos da Interpretação, mas há inúmeras outras, sendo impossível descrevê-las aqui. Entretanto, este livro lhe introduziu a muitas destas temáticas sobre processos tradutórios/interpretativos, envolvendo os aspectos cognitivos-semânticos e sintáticos-pragmáticos.

Tenho certeza de que este livro lhe permite entender que ser tradutor/intérprete de línguas de sinais demanda mais formação ou constante formação. E, eu, todas as vezes que tenho dúvidas a respeito do processo interpretativo e de conceitos abstratos-semânticos, recorro a este livro. Em contexto nacional, este livro é o primeiro livro a tematizar Linguística Cognitiva nos ETILS, então, poderíamos afirmar que ele pertence ao campo dos Estudos Cognitivos (Semânticos) da Tradução/Interpretação? Acredito que sim! E acredito que, bem breve ou em um futuro próximo, a doutora Flávia Machado vai publicar um novo livro, chamado de "Estudos Cognitivos-Semânticos da Tradução/Interpretação das Línguas de Sinais".

Glauber de Souza Lemos
Doutor em Letras/Estudos da Linguagem
Tradutor-Intérprete de Libras/Português
Professor-pesquisador de Estudos da Tradução
Líder do Grupo de Pesquisa em Tradução de Textos
e Interpretação de Línguas de Sinais Brasileiras (TRATILSB/CNPq)

REFERÊNCIAS

ALBIR, Amparo Hurtado. Aquisição da competência tradutória: aspectos teóricos e didáticos. *In*: PAGNO, Adriana; MAGALHÃES, Célia; ALVES, Fábio (org.). **Competência em tradução:** cognição e discurso. Belo Horizonte: Editora da UFMG, 2005. p. 19-57.

AUSTIN, J. L. **How to do things with words**. 2. ed. Oxford: Oxford University Press, 1976.

ARROJO, Rosemary. **Oficina de tradução**: a teoria na prática. 5. ed. São Paulo: Ática, 2007.

BASSNETT, Susan. **Estudos da tradução**. Porto Alegre: Editora da UFRGS, 2005.

BATALHA, Maria Cristina; PONTES JR., Geraldo. **Tradução**. Petrópolis, RJ: Vozes, 2007.

BERLIN, B.; KAY, P. **Basic color terms**: their universality and evolution. Berkeley: University of California Press, 1969.

BERNARDINO, Elidéa Lúcia. **Absurdo ou lógica?** Os Surdos e sua produção linguística. Belo Horizonte: Editora Profetizando Vida, 2000.

BRASIL. **Lei nº 4.024, de 20 de dezembro de 1961.** Dispõe sobre as diretrizes e bases da educação Nacional. Disponível em: http://www6.senado.gov.br/legislacao/ListaPublicacoes.action?id=102346. Acesso em: 8 mar. 2024.

BRASIL. **Lei nº 5.692, de 11 de agosto de 1971.** Dispõe sobre fixas diretrizes e bases para o ensino de 1° e 2º graus, e dá outras providências. Revogada pela Lei nº 9.394, de 20.12.1996. Disponível em: http://www.planalto.gov.br/ccivil_03/leis/L5692.htm. Acesso em: 8 mar. 2024.

BRASIL. **Lei nº 9.394, de 20 de dezembro de 1996.** Dispõe sobre estabelece as diretrizes e bases da educação Nacional. Disponível em: http://www.planalto.gov.br/ccivil_03/leis/L9394.htm#art92. Acesso em: 8 mar. 2024.

BRASIL. **Lei nº 10.436, de 24 de abril de 2002.** Dispõe sobre a Língua Brasileira de Sinais - Libras e dá outras providências. Disponível em: http://www.planalto.gov.br/CCIVIL/LEIS/2002/L10436.htm. Acesso em: 8 mar. 2024.

BRASIL. **Decreto nº 5.626, de 22 de dezembro de 2005.** Regulamenta a Lei nº 10.436, de 24 de abril de 2002, que dispõe sobre a Língua Brasileira de Sinais - Libras, e o art. 18 da Lei nº 10.098, de 19 de dezembro de 2000. Disponível em: http://www.planalto.gov.br/CCIVIL/_Ato2004-2006/2005/Decreto/D5626.htm. Acesso em: 8 mar. 2024.

BRASIL. **Lei nº 10.098, de 19 de dezembro de 2000.** Estabelece normas gerais e critérios básicos para a promoção da acessibilidade das pessoas portadoras de deficiência ou com mobilidade reduzida, e dá outras providências. Disponível em: http://www.planalto.gov.br/CCIVIL/LEIS/L10098.htm#art18. Acesso em: 8 mar. 2024.

BRASIL. **Lei nº 12.319, de 1º de setembro de 2010**. Regulamenta a profissão de Tradutor e Intérprete da Língua Brasileira de Sinais - LIBRAS. Disponível em: http://www.planalto.gov.br/ccivil_03/_Ato2007-2010/2010/Lei/L12319.htm. Acesso em: 3 mar. 2024.

BRITO, Lucinda Ferreira. **Por uma gramática de língua sinais**. Tempo Brasileiro: UFRJ, Departamento de Linguísticas e Filologia. 1995.

CHAFE, Wallace. **Discourse, consciousness, and time**: the flow and displacement of conscious experience in speaking and writing. Chicago: University of Chicago Press. 1994.

CROFT, William; CRUSE, D. Alan. **Cognitive linguistics**. New York: Cambridge University Press, 2004.

CROFT, William. **Radical construction grammar**: sintactic theory in typological perspective. Oxford: Oxford University Press. 2001.

DASCAL, Marcelo. **Interpretação e compreensão**. São Leopoldo: Editora da Unisinos, 2007.

DAGUT, M. B. Can metaphor be translated? **Babel**: International Journal of Translation, v. 22, n. 1. p. 21-33, 1976.

DELBECQUE, N. **Linguística cognitiva**: compreender como funciona a linguagem. Lisboa: Instituto Piaget, 2008.

ECO, Umberto. **Quase a mesma coisa**: experiências de tradução. São Paulo: Record, 2007.

EVANS, Vyvyan. **How words mean**: Lexical concepts, cognitive models and meaning construction. New York: Oxford University Press, 2009.

FELIPE, Tanya A. **Libras em contexto:** curso básico: livro do estudante. 8. ed. Rio de Janeiro: WalPrint Gráfica e Editora, 2007.

FERNANDES, Eulália. **Linguagem e surdez**. Porto Alegre. Editora Artmed, 2003.

FERREIRA, Aurélio Buarque de Holanda. **Aurélio Século XXI**: o dicionário da língua portuguesa. 3. ed. Rio de Janeiro: Nova Fronteira, 1999. xxxi, 2128 p.

FAUCONNIER, Gilles; TURNER, Mark. **The way we think**. New York: Basic Books, 2002.

GADAMER, Hans-Georg. **Warheit und methode**. Grundzüge einer philosophischen Hermeneutik. (Tübingen 1960), Unveränd. * Nachdr. d. 3° Erw. Aufl. Tübingen, 1975.

GEERAERTS, Dirk. Types of semantic information in dictionaries. *In*: Robert F. Ilson (ed.). **A Sepctrum of lexicography**. Amsterdam: John Benjamins, 1987. p. 1-10.

GEERAERTS, Dirk. **Cognitive linguistics**: Basic readings. Berlin; New York: Mouton de Gruyter, 2006.

GEERAERTS, Dirk; CUYCKENS, Hubert (ed.). **The oxford handbook of cognitive linguistics**. New York: Oxford University Press, 2007.

GIBBS, Raymond W. **Embodiment and cognitive science**. Cambridge: Cambridge University Press, 2008.

GOFFMAN, Erving. **Forms of talk**. Philadelphia: University of Pennsylvania Press. 1981.

GOÉS, Maria Cecília R. **Linguagem, surdez e educação**. 3. ed. Campinas: Autores Associados, 2002.

GUMPERZ, John. **Discourse strategies**. Cambridge: Cambridge University Press, 1982.

GUMPERZ, John. Communicative Competence Revisited. *In*: SCHIFFRIN, D. (ed.). **Meaning, form and use in context**: Linguistic Applications. G.U.R.T. (Georgetown University Round Table). Washington: Georgetown University Press, 1984. p. 278-290.

HEREDIA, Christine de. Do bilingüismo ao falar bilíngüe. *In*: VERMES, Geneviève; BOUTET, Josiane (org.). **Multilingüismo**. Trad. Celene M. Cruz *et al.* Campinas: Ed. da Unicamp, 1989. p. 177-260.

HEIDEGGER, Martin. **Being and time**. Trad. John Macquarrie and Edward Robinson. New York: Harper & Row, 1962.

HOLLAND, Dorothy; QUINN, Naomi. **Cultural models in language and thought**. Cambridge: Cambridge University Press, 1987.

JAKOBSON, Roman. On linguistic aspects of translation. *In*: BROWER, R. (ed.). **On Translation**. [*S. l.*]: Harvard University Press, 1959. p. 232-239.

JAKOBSON, Roman. **Lingüística e comunicação**. São Paulo: Cultrix, 1973.

KÖVECSES, Zoltán. **Metaphor in culture**: universality and variation. Cambridge: Cambridge University Press, 2005.

KRISTIANSEN, G. *et al.* **Cognitive linguistics**: current applications and future perspectives. New Yoork: Mounton de Gruyter, 2006.

LABORIT, Emanuelle. **O grito da gaivota**: biografia de uma surda profunda, do berço ao êxito nos palcos do teatro francês. Trad. Ângela Sarmento. 5. ed. Lisboa: Editorial Caminho, 2004.

LAKOFF, George. **Women, fire, and dangerous things**: what categories reveal about the mind. Chicago: The University of Chicago Press, 1987.

LAKOFF, George; JOHNSON, Mark. **Philosophy in the flesh**: the embodied mind and its challenge to Western thought. New York: Basic Books, 1999.

LACERDA, Cristina B. F. **Intérprete de Libras**: em atuação na educação infantil e ensino fundamental. 2. ed. Porto Alegre: Mediação, 2010.

LAKOFF, George. Cognitive semantics. *In*: ECO, U.; SANTAMBROGIO, M.; VIOLI, P. (ed.). **Meaning and mental representations**. Indianapolis: Indiana University Press, 1988. p. 119-154.

LILLOMARTIN, D.; QUADROS, Ronice Muller de; KOULIDOBROVA, Helen; PICHLER, Deborah Chen. Bimodal bilingual cross-language influence in Unexpected Domains. *In*: GALA - Generative Approaches in Language Acquisition, 2010, Lisboa. **Proceedings** [...]. London: Cambridge Scholars Publishing, 2009. v. 1, p. 264-275.

MACHADO, Flávia M. A.; PRESTES, Gelça R. L. **LIBRAS – Língua Brasileira de Sinais**. Caxias do Sul: Educs, 2007.

MACHADO, Flávia M. A. **Interpretação e Tradução de Libras/Português dos Conceitos Abstratos CRÍTICO e AUTONOMIA**. Dissertação (Mestrado de Letras, Cultura e Regionalidade) – PPGLet/UCS, Universidade de Caxias do Sul, Caxias do Sul, 2012.

MAGALHÃES Jr., Ewandro. **Sua majestade, o intérprete**: o fascinante mundo da tradução simultânea. São Paulo: Parábola Editorial, 2007.

MIRANDA, Arlete A. Bertoldo. **História, deficiência e educação especial**. 2006. Disponível em: www.histedbr.fae.unicamp.br. Acesso em: 10 abr. 2024.

McCLEARY, L.; VIOTTI, E. Transcrição de dados de uma língua sinalizada: um estudo piloto da transcrição de narrativas na língua de sinais brasileira (LSB). *In*: SALLES, H. (org.). **Bilingüismo e surdez**: questões lingüísticas e educacionais. Goiânia: Cânone Editorial, 2007.

OUSTINOFF, Michaël. **Tradução**: história, teorias e métodos. São Paulo: Parábola Editorial, 2011.

PAZ, Octavio. **Traducción**: literatura y literalidad. Barcelona: Jusquets, 1981.

PEIRCE, Charles Sanders. **Collected papers**. Cambridge: Havard University Press, 1948.

PEREIRA, Maria Cristina Pires; RUSSO, Ângela. **Tradução e interpretação de língua de sinais**: técnicas e dinâmicas para cursos. Taboão da Serra: Cultura Surda, 2008.

PEREIRA, Maria Cristina Pires. **Testagem linguística em língua de sinais**: as possibilidades para os intérpretes de Libras. Dissertação (Mestrado em Linguística Aplicada) – Universidade do Vale do Rio dos Sinos, 2008.

PERLIN, Gladis T. T. Identidades surdas. *In*: SKILIAR, Carlos (o0rg.). **A surdez**: um olhar sobre as diferenças. 2. ed. Porto Alegre: Mediação, 2001. p. 51-73.

QUADROS, Ronice Müller de. **Educação de Surdos**: a aquisição da linguagem. Porto Alegre: Artes Médicas, 1997.

QUADROS, Ronice Müller de. **O tradutor e intérprete de língua de sinais brasileira e língua portuguesa**. Secretaria de Educação Especial; Programa Nacional de Apoio à Educação de Surdos. Brasília: MEC, 2002.

QUADROS, Ronice Müller de; KARNOPP, Lodernir Becker. **Língua de sinais brasileira**: estudos linguísticos. Porto Alegre: Artmed, 2004.

QUADROS, Ronice Müller de; PIZZIO, Aline Lemos. Aquisição da língua de sinais brasileira: constituição e transcrição dos corpora. *In*: SALLES, H. (org.). **Bilingüismo e surdez**: questões lingüísticas e educacionais Goiânia: Cânone Editorial, 2007.

QUADROS, Ronice Müller de; SOUZA, Saulo Xavier. **Aspectos da tradução/encenação na Língua de Sinais brasileira para um ambiente virtual de ensino**: práticas tradutórias do curso de Letras Libras. Estudos Surdos III. Petrópolis: Arara Azul, 2008.

QUADROS, Ronice Müller de; PIZZIO, Aline Lemos. **Língua brasileira de sinais IV**. Curso de graduação de Letras Libras. CCE/UFSC - 2009.

QUINN, Naomi. Research on shared task solution. *In*: STRAUSS, Claudia; QUINN, Naomi. **A Cognitive theory of cultural meanings**. Cambridge: Cambridge University Press, 1997. p. 137-188.

QUINN, Naomi; HOLLAND, Dorothy. Culture and cognition. *In*: HOLLAND, Dorothy; QUINN, Naomi. **Cultural models in language and thought**. Cambridge: Cambridge University Press, 1987. p. 3-40.

ROSCH, Eleanor *et al.* Basic objects in natural categories. **Cognitive psychology**, n. 8, p. 382-439, 1976.

RICOEUR, Paul. **De l'interprétation**: essai sur Freud. Paris: Éditions du Seuil, 1965.

RICOEUR, Paul. La marque du passé. **Revue de Métaphysique et de morale**, n. 1, 1998.

RÓNAI, Paulo. **Escola de tradutores**. Rio de Janeiro: Nova Fronteira, 1987.

ROBINSON, Douglas. **Construindo o tradutor**. Baurú: EDUSC, 2002.

RUDNER, Aaron; PEREIRA, Maria Cristina Pires; PATERNO, Uéslei. **Laboratório de Interpretação – I**. Bacharelado em Letras-Libras na Modalidade a Distância. CCE/UFSC. Florianópolis/SC. 2010.

SÁ, Nídia Regina Limeira de. **Educação de Surdos**: a caminho do bilingüismo. Niterói: EDUFF, 1999.

SACKS, Oliver. **Vendo vozes**: uma jornada pelo mundo dos Surdos. Rio de Janeiro, Imago Editora, 2002.

SANTOS. Rafael José dos. Relatos de regionalidade: tessituras da cultura. **Antares**: Letras e Humanidades, n. 2, p. 6, jul./dez. 2009. Disponível em: http://www.ucs.br/ucs/tplRevistaLetras/posgraduacao/strictosensu/letras/revista/2/sumario. Acesso em: 10 mar. 2024.

SAUSSURE, Ferdinand de. **Curso de linguística geral**. 12. ed. São Paulo: Cultrix, 1979.

SAPIR, Edward. **Selected writings of Edward Sapir in language, culture and personality**. Ed. David Mandelbaum. Berkeley: University of California Press, 1958.

SCHIFFRIN, Deborah. **Approaches to discourse**: language as social interaction. Oxford: Blackwell, 1994.

SEARLE, J. R. **Speech acts**: an essay in the philosophy of language. Cambridge: Cambridge University Press, 1969.

SILVA, Augusto Soares da. **O mundo dos sentidos em português**: polissemia, semântica e cognição. Coimbra: Almedina, 2006.

SPERBER, Dan; WILSON, Deidre. **Relevance**: communication and cognition. 2. ed. Oxford: Blackwell, 1995.

STEINER, George. **After Babel**. Oxford: Oxford University Press, 1975.

STOKOE, William C. **Sign language strutcture**. Silver Spring: Linstok Press, [1960] 1978.

STRELHER, R. G. As marcas de uso nos dicionários. *In*: ISQUERDO, A. N.; OLIVEIRA, A. M. P. P. (org.). **As Ciências do léxico**. 2. ed. Campo Grande: Editora UFMS, 2001. v. 1.

TAYLOR, John R. **Cognitive grammar**. Oxford: Oxford University Press. 2002.

TAYLOR, John R. **Linguistic categorization**. 3. ed. Oxford Textboocks in Linguistics. Oxford University Press, 2009.

TAUB, Sarah. **Language from the body**: iconicity and metaphor in american sign language. Cambridge University Press. 2010.

VELOSO, Éden; FILHO, Valdeci Maia. **Aprenda LIBRAS com eficiência e rapidez**: mãos sinais. Curitiba, jul. 2009. v. 2.

VENUTI, Lawrence. **Escândalos da tradução**. Trad. L. Perlegrin, L. M. Villela, M. D. Esqueda e V. Biondo. Bauru: Edusc, 2002.

WELKER, Herbert Andreas. **Dicionários**: uma pequena introdução à lexicografia. Brasília: Thesaurus, 2005.

WIERZBICKA, Anna. **Semantics and lexicography**. New York: Oxford University Press, 1996. p. 259-286.**Informações sobre a autora:**

Profa. Dra. Flávia Medeiros Álvaro-Machado
Professora-Adjunta do Magistério Superior (UFES)
Pesquisadora sobre (Língua)gem & Cognição (LingCognit): https://lingcognit.ufes.br
Contatos: flavia.m.machado@ufes.br
CV-Lattes: http://lattes.cnpq.br/0017557951639983